Claus Nowak
Ute Bernhardi

# 13 Wege, einen Baum zu betrachten

## Lebendiges Lernen im Biologieunterricht

**iskopress**

**Die Deutsche Bibliothek – CIP-Einheitsaufnahme**

**Nowak, Claus:**
13 Wege, einen Baum zu betrachten / Claus Nowak : Ute Bernhardi
– 1. Aufl. – Salzhausen : iskopress, 1993
  (Lebendiges Lernen & Lehren ; Bd.33)
  ISBN 3-89403-216-2
NE: Bernhardi, Ute:; Nowak, Claus: Dreizehn Wege, einen Baum zu
betrachten; Bernhardi, Ute: Dreizehn Wege, einen Baum zu betrachten;
GT

1. Auflage 1993

Copyright bei *iskopress*, Salzhausen
Umschlag: Mathias Hütter
Grafik im Text: Ute Bernhardi
Satz und Layout: E. Velina
Druck: Runge, Cloppenburg

# Inhalt

## KAPITEL 4: PHYSIOLOGIE

## KAPITEL 5: ÖKOLOGIE

# EINLEITUNG

Zu Beginn schlagen wir Ihnen ein kleines Experiment vor: Setzen Sie sich gemütlich hin und atmen Sie zur Entspannung einige Male tief ein und aus. Schließen Sie, nachdem Sie diesen Absatz gelesen haben, für einen Moment die Augen und lassen Sie Ihre Gedanken zurück in Ihre Schulzeit schweifen. Welche Unterrichtssituationen fallen Ihnen spontan ein? An welche Gesichter erinnern Sie sich? Worum ging es damals? Kommen Sie vielleicht mit einem bestimmten Gefühl in Kontakt? Verweilen Sie mit Ihren Gedanken noch einige Augenblicke in dieser Situation, öffnen Sie dann die Augen, und lesen Sie weiter.

Den meisten Menschen fallen Begebenheiten ein, die in irgendeiner Weise mit Spiel, Spaß, Aktion, Körpererfahrung, innerer Berührtheit oder menschlicher Begegnung verbunden gewesen sind. Eher selten erinnern sie sich an konkrete Lehrinhalte, es sei denn, man verbindet mit ihnen Gefühle wie Freude, Stolz, Unzulänglichkeit oder Angst. Wir erfassen Situationen ganzheitlich, d.h. kognitiv, sinnlich und emotional. In dieser Kopplung werden sie in unserem Gedächtnis verankert und meistens auch wieder erinnert. So erwecken gewisse Orte, Melodien und ganz besonders Gerüche in uns ganz bestimmte Erinnerungen und Gefühle. Hört jemand beispielsweise einen lateinischen Satz, so taucht vielleicht die Erinnerung an den Lateinunterricht auf und damit verbunden möglicherweise der Geruch des Klassenzimmers, das Gesicht und die Stimme des Lehrers und dann ein starkes Gefühl von Unwohlsein, Angst und Widerstand. Solange diese Verknüpfung von „Latein" mit einer sehr unangenehmen Erfahrung besteht, wird eine erneute – möglicherweise befriedigendere – Beschäftigung mit der lateinischen Sprache erschwert, wenn nicht verhindert. Andererseits motivieren uns Themen, die mit einem positiven emotionalen Erleben verknüpft sind. Der Stolz und die Freude, z.B. über die Lösung einer verzwickten trigonometrischen Aufgabe, mobilisiert das damals Gelernte und aktualisiert das Gefühl der Zuversicht, schwierige Aufgaben in Verbindung mit räumlichem Vorstellungsvermögen bewältigen zu können.

Die „13 Wege, einen Baum zu betrachten" sind Angebote, Lernsituationen herbeizuführen, die solch positives – und damit langfristig wirksames – Erinnern ermöglichen. Sie basieren auf den vielfältigen guten Erfahrungen mit Phantasie-, Bewegungs- und Gestaltungsübungen aus dem Bereich des sozialen und emotionalen Lernens in Gruppen. Mit der Zeit entstand daraus der Wunsch, diese methodischen Elemente auch für den Fachunterricht nutzbar zu machen, um die wissenschaftlich-analytische Betrachtung der Natur durch verschiedene mehr affektiv-spielerische Herangehensweisen zu ergänzen. Wir hoffen auf diese Weise eine stärkere Verknüpfung zwischen äußerer Wahrnehmung und dem inneren Erleben zu erreichen.

Unserer Überzeugung nach gründet sich die so notwendige Achtung vor dem Leben und der Natur auch und vor allem auf einer individuellen, subjektiven Empfindung. Ein zeitgemäßer Naturkundeunterricht sollte deshalb viele Anregungen zu sinnlichem Erleben geben, eine stärkere Identifikation mit der Natur ermöglichen sowie die Interaktion zwischen den SchülerInnen fördern. Das vorliegende Buch bietet dazu viele Vorschläge.

Wir haben Übungsbeispiele aus vielen verschiedenen Themenbereichen ausgewählt, ohne damit natürlich das gesamte Curriculum des Biologieunterrichts abdecken zu können. Die Übungen in diesem Buch sollen den experimentellen Naturkundeunterricht keineswegs ersetzen, sondern um Elemente von Bewegung, Phantasie, Gestaltung und Aktion ergänzen, um sie an geeigneter Stelle in den Fachunterricht mit einzubeziehen. Wir haben uns bei unserer Auswahl auf Beispiele beschränkt, die vorwiegend im Klassenzimmer und im Rahmen des üblichen Stundentakts durchgeführt werden können. Es ist uns klar, daß wir mit unseren Methoden das unmittelbare Erleben und einfühlsame Verstehen draußen in der Natur nicht ersetzen können. Doch können sie den Weg dorthin vorbereiten und begleiten.

Wir möchten Sie ausdrücklich dazu ermutigen, mit den von uns entwickelten und zusammengetragenen Übungen zu experimentieren, indem Sie sie je nach Gruppen- und Unterrichtssituation abwandeln. Als Anregung dazu sollen die zahlreichen ergänzenden Variationsmöglichkeiten dienen. Lassen Sie also Ihrer Phantasie bei der Suche nach neuen Varianten freien Lauf und entdecken Sie dabei Ihre eigene Spielfreude. Darüber hinaus bieten die einzelnen Übungen zahlreiche Ideen für einen fächerübergreifenden Unterricht, so z.B zur Zusammenarbeit mit den Bereichen Deutsch, Geschichte, Kunst und Ethik.

Wie bei jedem ganzheitlichen und interaktionellen Lernen berühren einige der Übungen auch die Bereiche Selbsterfahrung und Gruppendynamik. Hinweise und Erläuterungen dazu sind im folgenden Kapitel und in den jeweiligen Übungsanleitungen enthalten. Selbsterfahrung und Gruppendynamik sind Bestandteile jedes (Lern-)Prozesses. Als Lehrkraft habe ich lediglich die Wahl, diese Aspekte aufzunehmen und pädagogisch zu nutzen oder aber sie zu ignorieren bzw. zu unterdrücken, womit ich langfristig Störungen begünstige. Wir sind davon überzeugt, daß eine angemessene Berücksichtigung derartiger Prozesse – auch im Biologieunterricht – die emotionale Bindung an die Natur und ihre Lebewesen fördert. Außerdem wird die Entwicklung von Ich-Stärke und sozialer Kompetenz unterstützt sowie das Verständnis dafür geweckt, daß neben einer objektiven Wahrheit der Fakten viele individuelle Wahrheiten existieren, die auf der subjektiven Wahrnehmung jedes einzelnen Menschen beruhen. Es ist unsere Absicht, das Verständnis für naturwissenschaftliche Vorgänge und Strukturen ebenso zu fördern wie die Entwicklung kommunikativer und sozialer Kompetenz. Im Umgang mit dem vorliegenden Material wird eine wichtige Aufgabe für Sie darin bestehen, zwischen diesen beiden Bereichen immer wieder die Balance herzustellen.

## HINWEISE ZUM UMGANG MIT DEN ÜBUNGEN

Als wir vor einigen Jahren damit begannen, Elemente des *Lebendigen Lernens* in unseren Klassen und Kursen einzuführen, hatten wir bisweilen banges Herzklopfen; wie immer, wenn wir vertraute Bahnen verlassen, um Neues auszuprobieren. Diese anfängliche Verunsicherung führte manchmal dazu, daß wir Mißfallensäußerungen einzelner SchülerInnen zu unseren Vorschlägen häufig als repräsentativ für die Gesamtstimmung (fehl-)interpretierten. Die Folge war, daß wir die Übungen unklar oder gar nicht durchführten. Die stille Bereitschaft und Neugierde der Mehrheit der SchülerInnen haben wir dabei grob mißachtet.

Bedenken Sie also, daß das Einbeziehen von Bewegung, Gestaltung und Spiel in den Biologieunterricht auch für die meisten Klassen eher ungewohnt ist. Wie in fast jeder Unterrichtsstunde werden auch hier einige SchülerInnen zunächst weniger motiviert sein, was nicht unbedingt mit Ihrem Unterricht oder der vorgeschlagenen Übung zusammenhängen muß. Setzen Sie sich deshalb nicht unter den Druck, alle Gruppenmitglieder gleichermaßen erreichen und zufriedenstellen zu wollen, denn das ist ohnehin unrealistisch. Wir haben die Erfahrung gemacht, daß sich nach kurzer Eingewöhnung gerade SchülerInnen ansprechen und zu Aktivitäten anregen lassen, die mit den hergebrachten Methoden bisher wenig anfangen konnten.

Übungen, die gruppendynamische oder selbsterfahrungsbezogene Anteile enthalten, sind im schulischen Umfeld besonders ungewohnt und können daher gelegentlich Widerstand auslösen. Akzeptieren Sie diese Abwehrhaltung, die oft zu Beginn einer Übung eingenommen wird, denn sie dient in der Regel dem Selbstschutz. Weisen Sie ggf. auf die Freiwilligkeit und den experimentellen Charakter der Übungen hin. Ist der Widerstand sehr stark, sollte er nicht ignoriert oder gar gebrochen, sondern thematisiert werden. Fragen Sie, welche zusätzlichen organisatorischen Hilfen bzw. Sicherheiten die SchülerInnen benötigen.

Die Übungen in diesem Buch gehören im weitesten Sinne zu den Interaktionsspielen. Wir bezeichnen ein Interaktionsspiel auch gerne als „strukturierte Erfahrung". Ein durch bestimmte Spielregeln vorgegebener Rahmen gibt Erlaubnis und zugleich Sicherheit, sich auf neue Erfahrungen einzulassen, die zu Einstellungs- und Verhaltensänderungen beitragen können. Denn Freiheit braucht zu ihrer Entfaltung eine sichere und für alle transparente Struktur. Freiheit ohne Struktur fördert dagegen Resignation und Aggressivität. Der Weg des *Lebendigen Lernens* führt durch drei Phasen, die auch bei der Planung von Unterrichtsstunden berücksichtigt werden sollten:

**1. Die Wahrnehmung:** Was nehme ich wahr an Informationen, Sachinhalten oder am Verhalten anderer?

**2. Die Bedeutung:** Was lösen diese Informationen in mir aus? Welche Bedeutung erkenne ich für mein momentanes oder künftiges Leben?

**3. Die Konsequenz:** Entscheide ich mich daraufhin, alles beim alten zu lassen, oder will ich meine neuen Erfahrungen zur Basis veränderten Verhaltens machen?

## ÜBERSICHT ZUR ARBEIT MIT INTERAKTIONSSPIELEN

(nach Anregungen von K. W. VOPEL und M. GÜHRS)

### A. Planung und Auswahl:

1. Was will ich erreichen?

2. Was braucht die Gruppe im Blick auf
   – Inhalte (Themen, Informationen und Material)
   – Struktur (Einzel-, Paar- oder Gruppenarbeit, Zeitrahmen und räumliche Bedingungen)
   – Dimensionen der Persönlichkeit (Körper, Intellekt, Gefühl, Phantasie)?

3. Welche Übung wähle ich aus? Wichtig ist in diesem Zusammenhang, daß die Übung zuvor innerlich durchgespielt wird.

4. Wie schätze ich mich selbst ein? Habe ich Lust zu dieser Unterrichtsstunde und fühle ich mich der Aufgabe gewachsen?

5. Mache ich mit oder beobachte ich lediglich den Gruppenprozeß?

### B. Einführung und Durchführung:

1. Geben Sie Informationen über Zielsetzung, Aufbau und Lernmöglichkeiten der Übung. Weisen Sie hin auf
   – den erfahrungsorientierten Ansatz sowie
   – den experimentellen und spielerischen Charakter von Interaktionsspielen
   – eine mögliche Freiwilligkeit der Teilnahme.
   Hier ist anzumerken, daß im Rahmen der Schule die Möglichkeit einer freiwilligen Teilnahme so ungewöhnlich ist, daß für die SchülerInnen die

Versuchung sehr groß ist, zunächst einmal nur von dieser Möglichkeit Gebrauch zu machen. Das Thema tritt dabei zunächst in den Hintergrund. Mit der Gewöhnung an den neuen Umgang mit Klassenraum, MitschülerInnen und Materialien siegt am Ende aber meist die Neugier.

2. Äußern Sie Ihr eigenes Interesse an der Durchführung der betreffenden Übung.

3. Bieten Sie den SchülerInnen Klarheit durch deutliche Instruktionen sowie Orientierung und Schutz bei persönlichen Äußerungen.

4. Gehen Sie flexibel mit Widerstand und unerwarteten Entwicklungen um, z.B. indem Sie
   – nicht durch intellektuelle Diskussionen die Lust auf konkrete Erfahrungen verhindern lassen,
   – berechtigte Einwände zu einer Überprüfung und ggf. Veränderung der vorgeschlagenen Übung nutzen,
   – das Spiel, wenn es „danebengeht", abbrechen und die entstandene Situation thematisieren. Ein Gepräch über das Mißlingen kann sehr fruchtbar sein.


## C. Auswertung:

1. Lassen Sie ein Auswertungsgespräch nur so lange führen, wie noch „Luft drin" ist. Dies gilt insbesondere für jüngere Gruppen. Eine Auswertung erübrigt sich dort, wo mit dem Spiel selbst bereits alles ausgesagt ist.

2. Ermutigen Sie die Gruppe zum Austausch (nicht zwingen), um das Bewußtsein für die Vielfalt individueller Erfahrungen zu erweitern.

3 Geben Sie Verstehenshilfen für Sachzusammenhänge und persönliches Erleben.

5. Stellen Sie, wenn möglich, Verbindungen zwischen den gemachten Erfahrungen und dem Alltag her.

6. Fragen Sie die SchülerInnen danach, welche Erfahrungen sie über die Art und Weise des eigenen Lernens gemacht haben.

7. Lassen Sie ggf. die Zusammenarbeit innerhalb der Gruppe reflektieren.

Es kann vorkommen, daß während einer mehr themenbezogenen Übung Schwierigkeiten auftauchen, die ihre Ursache im sozialen Klima der Gruppe haben. In diesen Situationen kann es sinnvoll sein, die Probleme innerhalb der Gruppe zum Thema zu machen, um die Arbeitsfähigkeit wieder herzustellen. Das Angebot an Interaktionsspielen zu diesem Bereich ist reichhaltig (z.B. VOPEL, 1984; GUDJONS, 1990). Sie können diese Übungen ebenfalls nach dem oben gebenen Raster strukturieren.

Ein sinnvoller Umgang mit Interaktionsspielen, auch und vor allem zum sozialen Lernen, erfordert viel Übung. Wenn Sie mit den Einsatzmöglichkeiten vertrauter werden wollen, empfehlen wir Ihnen entsprechende Fortbildungsseminare. Erfahrungsgemäß können Sie besonders gut diejenigen Übungen anleiten, die Sie selbst einmal als TeilnehmerIn erlebt haben. Neben der „spielerischen" Erweiterung Ihres pädagogischen Repertoires erfahren Sie auch viel über sich selbst. Und nicht zuletzt gehören Seminare zum Thema „Interaktionsspiele" zu den unterhaltsamsten Fortbildungen.

## DIE VERSCHIEDENEN METHODEN

Im folgenden werden wir diejenigen methodischen Elemente genauer vorstellen, die für den Umgang mit den Übungen dieses Buches von Bedeutung sind.

### Gestaltung

Methodische Elemente wie Malen, Modellieren und Basteln sind für die SchülerInnen weniger ungewohnt und werden daher am leichtesten angenommen. Sie sind oft leichter einzusetzen als Phantasie- und Bewegungsübungen. Vor allem das Malen gehört zu den frühen und wichtigen Ausdrucksmöglichkeiten von Kindern, können sie auf diesem Weg doch Dinge ausdrücken und bearbeiten, die ihnen sprachlich noch nicht zugänglich sind. Spätestens mit Eintritt in die Schule wird dieses Ausdrucksmittel dann einer Bewertung ausgeliefert. Die Folge sind häufig Äußerungen wie „Ich kann nicht malen". Bei jeder Art von Gestaltungsübung ist es deshalb wichtig, darauf hinzuweisen, daß es nicht auf die Qualität der künstlerischen Ausführung ankommt, sondern daß alle Ergebnisse auf ihre ganz eigene Weise „richtig" sind, sozusagen als zusätzliche Ausdrucksmöglichkeit jenseits von Sprache.

### Körperübungen

Hierzu gehören Bewegungs-, Berührungs- und Körperwahrnehmungsübungen. Körperübungen gehören in der Vorstellung von SchülerInnen (und vielen LehrerInnen) in den Sportunterricht und wirken daher im Fachunterricht anfangs befremdlich. Sie werden jedoch dann rasch angenommen, wenn sie in einen spielerischen, kreativen und v.a. fachlichen Zusammenhang gestellt werden. Dies gilt besonders für Übungen, die mit gegenseitiger Berührung verbunden sind, wie z.B. die „Baummassage". Mädchen zeigen bei solchen Übungen meistens mehr Sensibilität, während Jungen ihr Bedürfnis nach körperlicher Berührung häufig über Rangeln, Raufen und andere Grobheiten „abfackeln". Der Erfolg solcher Unterrichtsstunden hängt daher nicht selten von der Anzahl der Mädchen in der Klasse ab. Ggf. sollten Sie überlegen, die Koedukation während dieser Stunden aufzuheben.

Am anspruchsvollsten sind unserer Erfahrung nach Übungen zur Körperwahrnehmung. Diese sollten nur mit geübteren Gruppen durchgeführt werden. Ein gutes Indiz dafür ist die Imaginationsfähigkeit und -bereitschaft der TeilnehmerInnen.

Vor allem während der Pubertät sind die SchülerInnen in ihrer Körperlichkeit oft stark verunsichert, so daß ihnen Körperübungen eher schwerfallen. Andererseits können Sie davon ausgehen, daß das Bedürfnis nach körperlichen Erfahrungen in dieser Altersgruppe stärker wird, wenn auch die Größe dieses Wunsches zugleich die Irritierbarkeit erhöht.

## Identifikationsübungen und Rollenspiel

Ungefähr ab dem 8. Lebensjahr ist das Kind zu einer reflektierenden Rollenübernahme in der Lage. Es kann eigenes Verhalten aus der Sicht anderer Personen betrachten. Einhergehend mit der Rollenantizipation kann auch die Möglichkeit zu einer eigenen Interpretation der eingenommenen Rolle und damit auch zu ihrer Veränderung verstärkt wahrgenommen werden. Aufgrund dieser Flexibilität ist es dem Kind möglich, belastende Situationen im Spiel zu relativieren. Das Rollenspiel und die damit verbundene Identifizierung dient in hohem Maße dem Erwerb sozialer Kompetenz, wie z.B. Selbsterkenntnis, Empathie, kommunikative Kompetenz, Rollendistanz, Kooperation, Kreativität und Entscheidungsfähigkeit.

Jedes Rollenspiel bedeutet für die SpielerInnen ein Sich-Aussetzen und ist daher bisweilen angstbesetzt; dies gilt insbesondere während der Pubertät mit ihrer ohnehin vorhandenen Rollenunsicherheit. Bei jüngeren SchülerInnen überwiegt dagegen im allgemeinen die reine Spielfreude. Machen Sie deutlich, daß das Spiel keinesfalls perfekt zu sein braucht, sondern vielmehr einen spielerischen Zugang zum Unterrichtsthema ermöglicht.

Rollenspiele enden für alle Beteiligten oft verwirrend und mit unguten Gefühlen. In einem Rollenspiel werden verschiedene externe und interne Erfahrungsebenen berührt. Diese dürfen v.a. in der Auswertungsphase nicht vermischt werden, sondern müssen ganz klar auseinandergehalten und in unterschiedlichen Phasen ausgewertet werden. Mit dieser Trennung steht und fällt der Erfolg eines Rollenspiels. Falls es die Anlage des durchgeführten Rollenspiels erlaubt, sollten Sie bei Durchführung und Auswertung unbedingt die folgenden Schritte beachten:

1. **Rollenwahl:** Bei den von uns vorgeschlagenen Rollenspielen entscheiden sich die Gruppenmitglieder in der Regel selbst für eine Rolle. Manchmal wird auch das Los entscheiden. Stoppen sie jedoch vorschnelle Rollenzuschreibungen untereinander und betonen Sie die Freiwilligkeit der Rollenübernahme. Die Entscheidung für eine Rolle kann entweder gleich oder im Anschluß an das „sharing" begründet werden.

2. **Anwärmphase:** Zum Anwärmen können einfache Bewegungsübungen in der Gruppe durchgeführt werden, wie z.B. die Einnahme bestimmter Gangarten, Haltungen und Gesichtsausdrücke, eine im Bereich der Theaterpädagogik bewährte Technik. Eine weitere Möglichkeit besteht in der (evtl. gemeinsamen) Beschreibung einer Rolle oder in einem Leiterinterview, wobei der Spieler, von dem Leiter zu seiner Rolle befragt, in der Ich-Form antwortet und sich so selbst aus der Rolle heraus beschreibt.

3. **Spielphase:** Zu Beginn sollten Sie klären, wer das Spiel beenden bzw. unterbrechen darf. In der Regel werden es der Leiter und/oder die Spieler sein. Bevor das Rollenspiel beginnt, bauen die Spieler die Bühne auf, beschreiben kurz die Rahmenbedingungen und kennzeichnen dann den Spielbeginn. Von diesem Moment an wird nur noch in der Ich-Form gesprochen. Wenn ein Spieler „aus der Rolle fällt", indem er die Identifikation verläßt und beginnt „darüber" zu sprechen, unterbrechen Sie und klären die Situation. Danach kann das Spiel fortgesetzt werden. Achten Sie unbedingt darauf, daß Spiel und Reflexion sich nicht vermischen!

4. **Rollenfeedback:** Nach dem „sharing" berichten die SpielerInnen, was sie in ihren Rollen gedacht, empfunden und erlebt haben und wie leicht bzw. schwer ihnen die Identifikation gefallen ist. Lassen Sie dabei noch keine Kommentare seitens der ZuschauerInnen zu. Die Aussagen sollten mit den Worten beginnen: „Ich als ... habe folgendes gedacht und gefühlt."

5. **Sharing:** Die ZuschauerInnen äußern sich nach dem Spiel zu ihren eigenen Beobachtungen, Gedanken und Gefühlen sowie darüber, was von dem Dargestellten sie aus eigener Erfahrung kennen.

6. **Identifikationsfeedback:** Die ZuschauerInnen können sich an dieser Stelle dazu äußern, in welche der gespielten Rollen sie sich am ehesten/ wenigsten haben hineinversetzen können. Dieser Punkt kann mit dem „sharing" zusammengezogen werden.

Erst danach sollte das Spiel selbst kommentiert werden. Achten Sie darauf, daß dies nicht zu einer „Theaterkritik" ausartet, die diesen und künftigen SpielerInnen die Lust nimmt, weitere Rollenspiele auszuprobieren. Anerkennen Sie vielmehr den Mut der SpielerInnen, sich auf das Rollenspiel eingelassen zu haben.

## Phantasieexperimente

Phantasieexperimente gehören mit zu den schwierigsten Übungen. Die Arbeit mit den inneren Bildern ist aber oft besonders ergiebig, weil sie uns mit unserem passiven und intuitiven Wissen in Kontakt bringt und auf der emotionalen Ebene in besonderer Weise unsere Selbstheilungskräfte weckt. Sie sollten gelenkte Phantasien zuvor an sich selbst erfahren und bearbeitet haben, bevor Sie sie in Gruppen anleiten.

Voraussetzung ist in jedem Fall die Einnahme einer entspannten Körperhaltung. Anfangs werden Phantasieexperimente wohl besser im Sitzen durchgeführt. Erst in geübteren Gruppen und bei vorhandenem Teppichboden sollte man sie im Liegen durchführen. Dabei ist folgende Körperhaltung zu empfehlen: So sollten
- Arme und Beine nicht gekreuzt werden,
- die Arme im Sitzen nicht an den Seiten herunterhängen, sondern auf den Oberschenkeln liegen,
- die Füße im Sitzen mit der ganzen Fußsohle auf dem Boden stehen,
- die Augen geschlossen werden.

Es handelt sich, wie gesagt, lediglich um Empfehlungen, denn es gibt viele Möglichkeiten und Körperhaltungen, um entspannt einer gelenkten Phantasie zu folgen. Erlauben Sie es daher den TeilnehmerInnen, die ihnen angenehmste herauszufinden.

Gelenkte Phantasien mit vorhergehender Entspannungsanleitung dienen dazu, innere Bilder lebendig und kreativ entstehen zu lassen. Um sich auf diese inneren Bilder konzentrieren zu können, ist es erforderlich, die Flut der äußeren Sinneseindrücke (durch Schließen der Augen und größtmögliche Ruhe) so gering wie möglich zu halten. Die angeleitete Entspannung bewirkt darüber hinaus eine Dämpfung der rational-kritischen Kontrollinstanzen. Dies führt in der Regel zu einer Aktivierung der rechten Gehirnhälfte oder anders ausgedrückt zu einer „Befreiung des inneren Kindes" mit all seinem intuitiven Wissen, seiner Kreativität, Neugierde, Spontaneität, Unbefangenheit und Grandiosität, aber auch mit seinen Ängsten und destruktiven Anteilen. Es ist so, als nähmen wir bei der Anleitung von Phantasieexperimenten die „inneren Kinder" der Gruppenmitglieder an die Hand und führten sie durch das manchmal unbekannte Land der Phantasie. Für den einzelnen Teilnehmer bedeutet es daher ein Sich-Anvertrauen. Enttäuschen Sie dieses Vertrauen nicht! Was die Anleitung eigener oder vorgegebener Phantasiereisen betrifft, so gibt es eine Reihe von Punkten, die Sie beachten sollten:

– Sie selbst sollten sich in einem innerlich entspannten Zustand befinden, der sich in der Anleitung übertragen kann.

– Sprechen Sie in einfachen Sätzen. (Vermeiden Sie z.B. Relativsätze und Einschübe.)

– Vermeiden Sie lange Sprechpausen (nur ausnahmsweise länger als 15 Sek.).

– Wiederholen Sie während der Phantasiereise immer wieder, daß die Beteiligten sich sicher und geborgen fühlen können.

– Lassen Sie alle Worte aus vorgegebenen Anleitungen weg, die Ihnen nicht behagen, oder ersetzen Sie sie durch angenehmere.

– Vermeiden Sie allzu abrupte Übergänge bei aufeinanderfolgenden Phantasiebildern (z.B. durch Worte wie: „plötzlich", „unvermittelt", „da!" etc.).

– Verneinungen sollten vermieden oder mit positiven Worten verbunden werden.

– Verwenden Sie vor allem positiv besetzte Begriffe (also nicht: „spitz", „schrill", „ängstlich" etc.).

– Legen Sie Wert auf die Entscheidungsfreiheit der SchülerInnen.

– Führen Sie nicht an bedrohliche Orte (Keller, dunkle Höhlen, tiefes Wasser o.ä.) und lassen Sie die TeilnehmerInnen keine gefährlichen Dinge tun.

– Sprechen Sie in der Phantasie möglichst viele Sinne an. Beginnen Sie mit visuellen Phantasien und fahren Sie dann mit auditiven und kinästhetischen Eindrücken fort und verbinden Sie die einzelnen Bereiche (z.B.: „Während du siehst ..., hörst du ... und spürst ...").

– Heben Sie fühlbare Worte aus dem kinästhetischen Bereich (spüren, entspannen, lösen, weich, fließen etc.) durch kleine Pausen hervor, bevor Sie sie aussprechen.

– Integrieren Sie Störungen von außen (z.B.: „Während du draußen Geräusche hörst, spürst du, wie du dich immer mehr entspannst").

– Legen Sie am Ende einer Phantasiereise mehr Energie in Ihre Stimme und verwenden Sie Worte wie: Kraft, Energie, Spannung, prickeln etc.

Um die möglichen „Untiefen" einer geplanten Phantasieübung ausfindig zu machen, empfiehlt es sich, sie einmal alleine in der eigenen Phantasie durchzugehen. Oft lohnt es sich, sie auf Band zu sprechen und sich anzuhören. Es ist ganz wichtig, daß Sie keine Phantasieexperimente anleiten, bei denen Sie selbst ein Unwohlsein verspüren; sei es, weil Sie sich nicht zutrauen, mögliche Reaktionen aufzufangen, oder weil Sie selbst vor dieser Phantasiereise Angst hätten. In aller Regel übertragen sich Ihre Befürchtungen unbewußt auf die TeilnehmerInnen. Die Anleitungen sind lediglich als Vorschlag gedacht, den Sie entsprechend der Gruppensituation, der Sprachebene, der Intention und der eigenen Kompetenz abwandeln sollten.

Abgesehen von der jeweiligen „Tagesform", haben Menschen mit großem Kontrollbedürfnis, starker rebellischer Bereitschaft oder Ängsten oft Schwierigkeiten, sich auf Phantasieexperimente einzulassen. Diese Tendenzen sind bei Jungen häufiger zu beobachten als bei Mädchen. Respektieren Sie diese Schwierigkeiten! Weisen Sie auch hier auf den experimentellen und freiwilligen Charakter ebenso hin wie auf die Möglichkeit, durch das Öffnen der Augen aus der Phantasiereise auszusteigen. Achten Sie aber auch darauf, daß die anderen Gruppenmitglieder ungestört an der Phantasiereise teilnehmen können.

Bevor Sie in einer Lerngruppe mit längeren Phantasiereisen arbeiten, wie z.B. mit der „Flußphantasie", sollten Sie die Gruppe zunächst mit Elementen von Körperentspannung und kürzeren Imaginationsexperimenten vertraut gemacht haben (vgl. VOPEL: *Anwärmspiele*). Manchmal kommt es vor, daß Teilnehmer während einer gelenkten Phantasie einnicken. Lassen Sie es ruhig geschehen und werten Sie es als eine besonders gelungene Entspannung. Unsere Erfahrung ist, daß das Wesentliche dennoch gehört und erinnert wird.

Phantasieübungen eignen sich unserer Erfahrung nach für alle Altersgruppen, mit leichten Einschränkungen während der Pubertät.

Im folgenden möchten wir einige Beispiele für Entspannung und Imagination vorschlagen, die sich in der Arbeit mit Klassen zur Vorbereitung von Phantasieexperimenten bewährt haben. Die drei folgenden Elemente können auch nach Belieben aneinandergereiht werden:

**1. Beruhigung der visuellen und auditiven Sinneseindrücke:** *Lenke deinen Blick auf eine Stelle in diesem Raum und betrachte ihn. ... Nimm einen zweiten hinzu, so, daß du auch noch den ersten im Blick hast ...*

und dann einen dritten, so daß du alle drei Punkte in deinem Blickfeld hast, ohne dabei einen von ihnen zu fixieren. ... Jetzt schließe deine Augen ... und lenke deine Aufmerksamkeit auf ein Geräusch, das du hörst. ... Nimm ein zweites Geräusch hinzu... und jetzt ein drittes, das du vielleicht näher oder weiter entfernt vernimmst. ... Jetzt lenke deine Aufmerksamkeit auf deinen Atem, ohne ihn zu verändern.

2. **Progressive Körperentspannung:** *Spüre, wie deine Füße auf dem Boden stehen. ... Nimm ihr Gewicht wahr ... und fühle den Druck auf deinen Fußsohlen. ... Jetzt mach dir bewußt, wie ruhig und sicher dein Becken auf dem Stuhl ruht ... und spüre das Gewicht deines Körpers. ... Jetzt lenke deine Aufmerksamkeit auf die Stelle, an der dein Rücken gestützt wird. ... An welchen Punkten liegen deine Arme auf? ... Fühle ihr Gewicht. ... Spüre, wie ruhig und sicher dein ganzer Körper von dem Stuhl getragen wird, so daß du dich ganz entspannen kannst, wenn du es möchtest.*

3. **Einfache Imaginationsexperimente:**

a. *Spüre, wie du mit jedem Ausatmen Nervosität und Anspannung aus deinem Körper abgeben kannst. ... Stell dir dazu vor, daß deine innere Unruhe wie eine Kerzenflamme flackert und dann mit jedem Atemzug immer ruhiger und gleichmäßiger brennt. ... Laß deine Gedanken treiben, ohne sie festzuhalten, ... und phantasiere, wie du auch die Gedanken, die du jetzt nicht brauchst, mit jedem Atemzug aus deinem Kopf in eine Seifenblase hineinpusten kannst. ... Sieh ihr nach, wie sie langsam zur Decke hin entschwebt.*

b. *Stell dir jetzt eine wohltuende Wärmequelle vor, die sich vor deinem Körper befindet. ... Spüre die gute wärmende Energie in deinem Gesicht und auf deinem Oberkörper. ... Jetzt beginnt diese Wärmequelle dich zu umkreisen. ... Sie bescheint deine rechte Körperseite, ... deinen Rücken, ... deine linke Körperseite. ... Stell dir vor, daß der Boden diese Wärmequelle enthält, und fühle, wie die Wärme deine Füße durchströmt, ... dann langsam deine Beine wärmt ... und allmählich auf angenehme Weise deinen ganzen Körper erfaßt.*

c. *Stell dir vor, du sitzt an einem schönen alten Holztisch. ... Du siehst dir die Maserung an ... und berührst die Tischplatte ... und spürst an deinen Fingerkuppen die sanften Unebenheiten in der angenehm warmen Tischplatte. ... Es erscheint ein Teller. ... Er gehört zu einem edlen Service. ... Vielleicht erkennst du ein Muster? ... Daneben liegt ein schöner Löffel aus einem edlen Metall. ... Du nimmst ihn auf und wiegst ihn in deiner rechten Hand. ... Als du wieder den Teller betrachtest, bemerkst du, daß deine*

16

*Lieblingsspeise auf ihm angerichtet ist. ... Die duftet angenehm, und du
ziehst den Geruch tief in deine Nase. ... Und da weißt du, daß diese Speise ganz besonders gut zubereitet worden ist. ... Du merkst, wie dir das
Wasser im Munde zusammenzulaufen beginnt. ... Du nimmst den Löffel
in die Hand, nimmst mit ihm eine kleine Portion vom Teller, ... öffnest die
Lippen... und führst den Löffel in den Mund. ... Du spürst das Metall, als
deine Lippen die Speise von dem Löffel streifen. ... Dann beginnst du sanft
zu kauen. ... Jetzt entfaltet deine Lieblingsspeise ihr ganzes köstliches
Aroma. ... Wenn du magst, nimm noch eine weitere Portion und kehre
dann mit deiner Aufmerksamkeit in diese Gruppe zurück.*

Für die weitere Einübung visueller, auditiver und geruchlicher Imagina-
tionen eignen sich z.B. ein Spaziergang durch eine Frühlingslandschaft oder
ein sommerlicher Strandspaziergang (aber bitte nur in warmes Wasser und
nur bis zu den Knien!).

Wir würden uns darüber freuen, Rückmeldungen über Ihre Erfahrungen
mit den verschiedenen Übungen und damit weitere Anregungen für unsere Arbeit zu bekommen.

Claus Nowak/Ute Bernhardi

**Übungstyp:**
G = Gestaltung
GG = Großgruppengespräch
Pa = Pantomime
Ph = Phantasie
R = Rollenspiel
S = Spiel
T = Texte
W = (Körper)wahrnehmung

| | drinnen ○ / draußen ● | Alter | Zeit | Übungstyp | Schwierigkeitsgrad | Selbsterfahrung | Sozialform |
|---|---|---|---|---|---|---|---|
| 1. Blüten und Bestäubung | ○ | Kl. 5/6 | 30 ' | S | * | | Pl |
| 2. Werden und Vergehen | ○ | Kl. 5/6 | 30 ' | Pa | ** | | E/Pl |
| 3 Baumbegegnung | ● | alle | 20' | W | * | ja | Pa |
| 4. Ein Baum erzählt | ○ | Kl. 5/6 | 1–2 h | | * | ja | E/Pl |
| 5. Baumphantasie | ○ | Kl. 5–13 | 30 ' | Ph | ** | ja | E |
| 6. Baummythen | | Kl. 5/6 | 1 h | R | ** | | |
| 7. Bestäubung – Befruchtung | | ab Kl. 6 | 1 h | Ph | ** | ja | E/Pl |
| 8. Neues Leben | | ab Kl. 9 | 1 h | Ph | ** | ja | E/Pl |
| 9. Baummassage | ○ | alle | 20 ' | W | * | ja | Pa |
| 10. Amöbe | ● | Kl. 5–9 | 20 ' | S | ** | | Pl |
| 11. Tieridentifikation | ●○ | Sek. I | 1 Dstd. | R | ** | ja | E/K/Pl |
| 12. Tierisches | ○ | Kl. 5/6 | 20 ' | Pa | * | ja | Pl |
| 13. Tierdialoge | ○ | alle | 1–2 h | T/R | ** | | E/Pa/Pl |
| 14. Bienen-Gespräch | ●○ | Kl. 5–8 | 20 ' | R | * | | P |
| 15. Sinneswelten | ○ | ab 9. Kl. | 1 h | T/G | ** | | K/Pl |
| 16. Tarnung | ● | Kl. 5/6 | 1–2 h | G | ** | | Pa |
| 17. Evolution | | ab Kl. 10 | 1 h | Ph | ** | | E/Pl |
| 18. Wachstum d. Miesmuschelb. | | ab Kl. 5 | 30 ' | R | *** | | Kl |
| 19. Aufstieg | ○ | ab Kl. 9 | 1 h | S | ** | | Pl |
| 20. Unter der Erde | ○ | ab Kl. 5 | 30 ' | Ph | * | ja | E/Pl |
| 21. Atembewegung | ○ | alle | 45 ' | W | * | ja | E/Pl/Pa |
| 22. Atem(k)reise | ○ | alle | 1–2 h | Ph | *** | ja | E |
| 23. Atemkreislauf | ○ | Kl. 5/6 | 1 Dstd. | S | * | | Pl |
| 24. Atmen und Entspannen | ○ | alle | 20 ' | Ph | * | ja | E |
| 25. Was ich lernen will | ○ | ab Kl. 9 | 1 h | GG | ** | ja | E/Pl |
| 26. Tasterlebnisse | ●○ | alle | 20 ' | W | * | | E/K |
| 27. Tastbox | ○ | alle | 20 ' | W | * | | E |
| 28. Ich als Baum | ○ | Sek. I | 1 h | G | ** | ja | E/Pl |
| 29. Rekonstruktion | ○ | Sek. II | 1 h | G | *** | | P/Pl |
| 30. Skelett erfühlen | ○ | Sek. I | 30 ' | W | ** | ja | Pa |

| Sozialform:<br>E = Einzelarbeit<br>Pl = Plenum<br>K = Kleingruppe<br>Pa = Partnerarbeit | drinnen ○ / draußen ● | Alter | Zeit | Übungstyp | Schwierigkeitsgrad | Selbsterfahrung | Sozialform |
|---|---|---|---|---|---|---|---|
| 31. Gelenke bewegen | ○ | Sek. I | 1 h | W | ∗∗ | ja | P |
| 32. Fehlhaltungen | ○ | Sek. II | 30 ' | W | ∗∗∗ | ja | E/Pl |
| 33. Sehen und Hören | ○ | Kl. 9–13 | 1 h | W | ∗∗ | ja | Pa/Pl |
| 34. Schnupperrunde | ●○ | alle | 30 ' | W | ∗ | | E |
| 35. Blindenspaziergang | ● | alle | 1 h | W | ∗ | ja | Pa |
| 36. Körpersprache | ○ | ab Kl. 9 | 1 h | W | ∗∗ | ja | E/Pl |
| 37. Akkomodation | | alle | 15 ' | S | ∗ | | Pl |
| 38. Kinderspiele zur Artenkenntn. | ○ | Sek. I | 2 h | G/S | ∗ | | Kl |
| 39. Erste Lebensstunden | ○ | ab Kl 9 | 45 ' | S | ∗∗ | | Pl |
| 40. Photosynthese | ○ | Sek. II | 1 h | S | ∗∗ | | Pl |
| 41. Eiweiß bauen | ○ | Sek. II | 1 h | S | ∗∗∗ | | Pl |
| 42. Mitose | ○ | ab Kl. 10 | 1 h | S | ∗∗ | | Pl |
| 43. Meiose | ○ | ab Kl. 9 | 1 h | S | ∗∗ | | Pl |
| 44. Ein Kohlenstoffatom erzählt | ○ | Sek. II | 30 ' | Ph/T | ∗∗∗ | | E/Pl |
| 45. Mendeln | ○ | ab Kl. 9 | 1 h | S | ∗∗ | | Pl |
| 46. Kettenreaktion | | ab Kl. 9 | 1 h | S | ∗∗ | | Pl |
| 47. Immunität | | ab Kl. 9 | 1 h | S | ∗∗∗ | | Pl |
| 48. Reise mit dem Fluß | ○ | alle | 45 ' | Ph/G | ∗∗ | ja | E |
| 49. Weltschule | ○ | ab Kl. 10 | 45 ' | K/GG | ∗ | ja | K/Pa |
| 50. Gewinner und Velierer | ○ | ab Kl. 8 | 1-2 x 45' | GG/Pa | ∗ | | K/Pa |
| 51. Überlebende von morgen | ○ | alle | 45 ' | Pa/G | ∗ | | K/Pl |
| 52. Vernetzungen | ○ | ab Kl. 5 | 45 ' | S/GG | ∗ | ja | Pl |
| 53. Ökologisch handeln | ○ | alle | 3 x 45' | GG | ∗ | ja | Pl |
| 54. Polemik | ○ | ab Kl. 5 | 90 ' | T/R | ∗∗∗ | | K/Pl |
| 55. Mein Bild von der Natur | ○ | alle | 1 h | G | ∗ | | E/K/Pl |
| 56. Fremdkörper | ● | Kl. 5-8 | 2 x 1 h | G | ∗ | | K |
| 57. Akkumulation | ○ | alle | 20 ' | S | ∗ | | Pl |
| 58. Entschuldigung | ○ | Kl. 5–8 | 1 h | T | ∗ | | Kl/Pl |
| 59. Weltbau | ○ | alle | 3 h | G | ∗ | ja | GG |
| 60. Haiku | ○ | Sek. II | 1 h | T | ∗∗∗ | ja | E/Pl |

# Kapitel 1: Pflanze

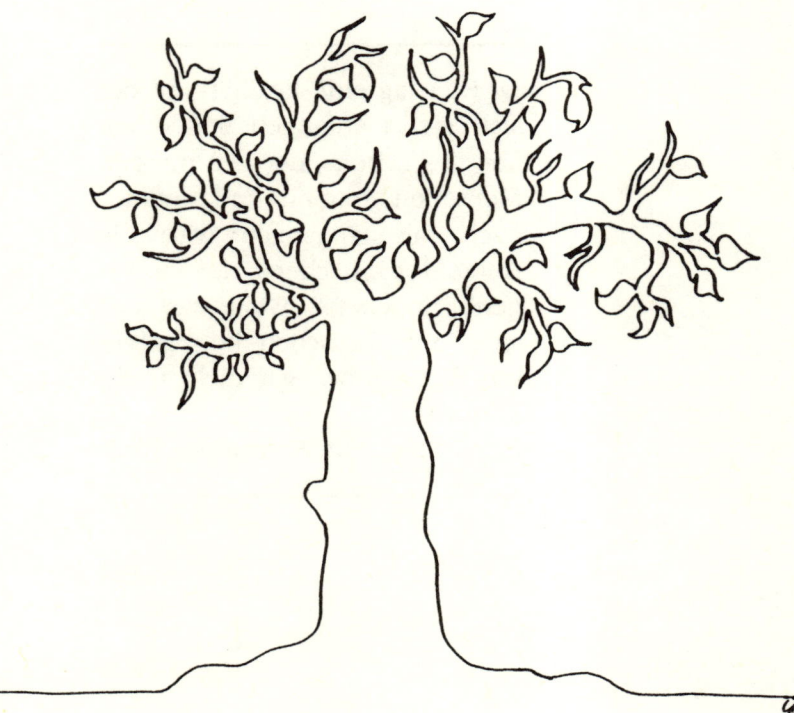

Ja! Hier lag eine Realität, mit der sich etwas anfangen ließ – ein Teil des Lebens, der den meisten Menschen entging und anfangs auch mir entgangen war: die Kunst des Lauschens, des Im-Augenblick-Lebens. Wenn wir uns ganz aufs Lauschen konzentrieren, können wir gar nicht nachdenken.

(M. J. Roads: Im Reiche des Pan)

## INHALT

Von den Schülern sollen in diesem Spiel die Blütendiagramme von verschiedenen Blüten gestellt werden. Dies kann entweder nach Vorlagen oder zum Zweck einer Wiederholung oder Vertiefung erfolgen.

**Alter**: Klasse 5 und 6

**Zeit:** 30 Minuten

**Übungstyp:** Spielaktion

**Schwierigkeitsgrad:** *

**Material:** Klassenraum ohne Gestühl

## VORBEMERKUNG

Das Stellen von Blütendiagrammen eignet sich gut als Einstieg für Bewegungsübungen und Spielaktionen.

## ANLEITUNG

Das Blütendiagramm wird von den SchülerInnen gestellt, indem jeweils eine Person für ein Blüten- bzw. Staubblatt steht. Der dreikantige Fruchtknoten mit seiner ebenfalls dreilappigen Narbe wird von 3 SpielerInnen dargestellt. Im Fall der Tulpe stehen somit um diese drei zentralen SchülerInnen herum von innen nach außen vier Kreise (zweimal drei Blütenblätter sowie zweimal drei Staubblätter). Bei den meisten anderen Blüten kommen dann noch die Kelchblätter hinzu (falls genug SchülerInnen in der Klasse sind). Im Prinzip lassen sich auf diese Weise die allermeisten Blütenformen darstellen. Das gilt auch für Schmetterlings- und Lippenblütler, wobei deren Konstruktion die Phantasie und Kreativität der Kinder herausfordert.
Sie können das Spiel entweder selbst leiten, einen Spielleiter bestimmen oder die Gruppe selbstorganisiert agieren lassen.

### Variante 1
Sie können die Klasse auch in zwei bis drei Untergruppen aufteilen und das Stellen von Blütendiagrammen als Wettkampfspiel gestalten.

**Variante 2**

In die eher statische Darstellung des Blütendiagramms läßt sich Bewegung hineinbringen, wenn z.B. eine Person die Rolle einer Biene bei der Bestäubung übernimmt, die dann am Stempelgrund nach Nektar sucht und dabei von den Staubgefäßen berührt wird. In einer Fortführung kann dabei „Pollen" in Form von Klebebandstückchen an die „Biene" angeheftet werden, den sie beim Besuch einer zweiten Blüte dann auf die Narbe überträgt.

## ERFAHRUNG

Meistens sind die SchülerInnen mit viel Spaß bei der Sache, vor allem, wenn einer von ihnen die Regie übernimmt. Im Fall des Lippenblütlers wenden die SchülerInnen bei dieser Variante häufig viel Energie und Einfallsreichtum auf, um die Insektenbestäubung nachzuspielen.

## INHALT

Pflanzen können in ihren Jahreszyklen von den Schülern spielerisch dargestellt werden (Quellung, Keimung, Wachstum, Verwelken und Überwinte-
rung).

**Alter:** Klasse 5 und 6

**Zeit:** 30 Minuten

**Übungstyp:** Pantomime

**Schwierigkeitsgrad:** * *

## VORBEMERKUNG

Die Klasse sollte bereits Erfahrung mit Bewegungsübungen und Pantomi-
men haben. Die Pausen sollten so lang sein, daß die Kinder Zeit haben, sich
einzufühlen und die Veränderungen selbst zu gestalten.

## ANLEITUNG

*Stellt euch vor, ihr liegt als Samenkörner im Boden. ... (Die SchülerInnen lie-
gen zusammengerollt auf dem Boden) ... Es ist Frühling, die Sonne scheint
intensiver, ... der Boden erwärmt sich langsam. ... Es fällt ein weicher Frühlingsregen, den ihr begierig aufsaugt. ... Atmet tief ein und beginnt langsam
zu quellen. ... Stell dir vor, dein Fuß ist eine kleine Wurzel, die langsam aus
dem Samen herauswächst, um noch mehr Wasser aufnehmen zu können,
... und der schließlich ganz gestreckt ist. ... Stell dir vor, deine Arme sind die
Keimblätter, die sich langsam entfalten, ... und dein Kopf ist die Sproßspit-
ze, die sich immer weiter dem Licht entgegenreckt, ... bis sie aufrecht steht
mit voll entfalteten Blättern, ... Du wiegst dich im leichten Frühlingswind.
Die Sonne beginnt, dich langsam auszutrocknen, ... und deine Blätter beginnen zu welken. ... Ein Regenguß erfrischt dich wieder, ... ein kräftiger Wind
zerrt an deinen Blättern. ... Nur mühsam kannst du dich mit deinen Wurzeln festhalten. ... Aber auch das geht vorüber. ... Gesund und kräftig stehst
du an deinem Platz. ... So vergeht das Jahr. ... Die Nächte werden kälter, ...
und deine Blätter werden immer trockener ... und hängen herab. ... Du
schickst deine Kraft in deine Wurzeln. ... Alles andere vergeht. ... So erwar-*

*test du schlafend in der Erde den Frühling, ... dessen Wärme dich zu neuem Leben erweckt.*

**Variante 1**
Ein Spielleiter sagt die Jahreszeiten an, und einige Schüler können die jeweilige Witterung simulieren (siehe BAUMMASSAGE), indem sie sich auch entsprechend bewegen und Geräusche machen (ggf. mit Musikinstrumenten).

**Variante 2**
Dieser Zyklus kann mit einleitender Entspannung auch als gelenkte Phantasie durchgeführt werden.

## INHALT

Mit verbundenen Augen machen sich die SchülerInnen mit einem beson-
deren Baum vertraut, so daß sie ihn am Ende der Übung sicher wiederfin-
den können.

**Alter:** alle Altersstufen

**Zeit:** 20 Minuten

**Übungstyp:** Wahrnehmungs- und Vertrauensübung

**Schwierigkeitsgrad:** *

**Material:**
– Augentücher für die Hälfte der Gruppenmitglieder
– Tastobjekte verschiedener Bäume (für Variante 3)

## VORBEREITUNG

Auswahl eines abwechslungsreichen Geländes mit geeigneten Bäumen.

## ANLEITUNG

Die SchülerInnen finden sich zu Paaren zusammen, die zueinander Vertrauen haben. Sie verabreden, wer sich zuerst blind führen lassen möchte
und wieviel Führung gewünscht wird, z. B. an einer Hand, am Ellenbogen
oder um die Hüfte gefaßt. Dann werden der betreffenden Person die Augen
verbunden, und beide machen sich schweigend auf den Weg. Der führende versucht, über abwechslungsreichen, z. B. harten, weichen oder rascheln-
den, Boden zu gehen und beachtet dabei, daß sich der „Blinde" nicht stößt.
An einem Baum angekommen, führt sie die Hand des „Blinden" an den
Baum, tritt einen Schritt zurück und überläßt den „Blinden" der Zwiespra-
che mit dem Baum.
Auf ein Zeichen des „Blinden" hin wird dieser vorsichtig zum Ausgangspunkt zurückgeführt, wo er die Augenbinde abnehmen darf, um nach der
Wiedergewöhnung an das Licht zu versuchen, "seinen" Baum wiederzufinden. Mit geschlossenen Augen kann er nun noch einmal überprüfen, ob es
der vertraute Baum ist.

**AUSWERTUNG**

– Wie habe ich mich als „Blinde" bzw. „Führende" gefühlt?
– Was habe ich entdeckt?
– Woran habe ich „meinen" Baum wiedererkannt?

**ERFAHRUNG**

Aussprüche von SchülerInnen im Anschluß an die Übung waren z.B.:
„Ich weiß, daß Waldboden weich ist, aber gespürt habe ich es erst jetzt."
„Ich dachte, ich könnte mich am Licht orientieren, aber ich wußte nach den ersten Drehungen nicht mehr, wo ich war."
„Ich wußte gar nicht, daß ich Licht und Schatten fühlen kann."

**Variante 1**
Die SchülerInnen kennen verschiedene Baumarten bereits und versuchen sie nun mit verbundenen Augen am Geruch, an der Rindenstruktur oder Blattform zu ordnen.

**Variante 2**
Eine Schnur wird von Baum zu Baum gespannt, an der sich die Kinder mit verbundenen Augen entlangtasten und die Bäume mit Hilfe ihres Tast- und Geruchssinns der Reihe nach bestimmen (vgl. BLINDENSPAZIERGANG).

**Variante 3**
Der Leiter bringt markante Teile von Bäumen wie Rindenstücke, Früchte, Blätter oder Zweige in das Klassenzimmer und läßt die Teile mit verbundenen Augen ordnen und/oder bestimmen.

## INHALT

Die Abbildung eines alten Baumes oder die direkte Begegnung mit ihm wird als Anregung genutzt, sich über den Dialog mit der Vergangenheit des Baumes in der heutigen Zeit zu verstehen.

**Alter:** Klasse 5 und 6

**Zeit:** 1 bis 2 Stunden

**Schwierigkeitsgrad:** *

**Material:** Benötigt wird die Abbildung eines alten Baumes (z.B. die Bavaria-Buche, eine tausendjährige Eiche oder eine alte Dorf-Linde).

## VORBEMERKUNG

Es ist günstig, wenn Sie einen entsprechend geeigneten Baum in Schulnähe mit Ihren SchülerInnen aufsuchen. Die Übung ermöglicht variable Zugänge. Sie erfordert ein an den Äußerungen der Kinder orientiertes Vorgehen. Warten Sie ab, „wohin die Reise geht".

## ANLEITUNG

Wählen Sie aus den folgenden Fragen und Arbeitsaufträgen die für Ihre Gruppe passenden aus oder lassen Sie sich zu neuen anregen.
1. Tastet und betrachtet den Baum. Gibt es Besonderheiten wie Verwundungen, Krankheiten, Schnitzereien, Höhlen...?
2. Nennt Ereignisse, die während der Lebenszeit des Baumes passiert sein könnten (evtl. „Bauminterview" schreiben oder spielen).
3. Was war hier los, wie sah es hier aus, als dieser Baum seine ersten Blätter ausstreckte?
4. Wie könnte der Same dorthin gelangt sein?
5. Welche Tiere könnten in diesem Baum gewohnt haben?
6. Weißt du von eigenen Verwandten, die zu dieser Zeit gelebt haben?
7. Denke dir (denkt euch) eine Geschichte aus dem Leben dieses Baumes aus und erzähle sie in der Ich-Form. Malt ein Bild zu dieser Geschichte.
8. Was könnte dieser Baum mit seiner Lebenserfahrung den Menschen raten?
9. Wie gelang es ihm, an dieser Stelle so alt zu werden?

## INHALT

In der Phantasie wird der Jahreszyklus eines Baumes nachvollzogen.

**Alter:** Klasse 5 – 13

**Zeit:** 30 Minuten

**Übungstyp:** Phantasiereise

**Schwierigkeitsgrad:** * *

**Material:** Ggf. große Zeichenbögen und Wachsmalkreiden.

## VORBEMERKUNG

Bäume sind wie Häuser Metaphern für die eigene Persönlichkeit, was in dieser gelenkten Phantasie unbewußt mit zum Tragen kommt. Dies führt dazu, daß die SchülerInnen oft sehr an „ihrem" Baum hängen und engagiert von ihrer Phantasiereise erzählen. Wir halten es für wichtig, daß Sie von diesem Zusammenhang wissen, auch wenn Sie diesen nicht thematisieren. Da die Übung Aspekte von Selbsterfahrung enthält, sollten sowohl die Gruppe als auch Sie selbst bereits Erfahrungen mit Phantasiereisen haben.

## ANLEITUNG

**Kurze Körperentspannung** (S.16): *Stell dir vor, es ist ein schöner warmer Sommertag und du wanderst durch einen Wald. ... Du spürst den weichen Waldboden unter deinen Füßen ... und während du langsam weiter wanderst, lauschst du den Geräuschen der Natur, ... vielleicht dem sanften Rauschen des Windes in den Zweigen, ... dem Zwitschern eines Vogels oder dem Zirpen von Grillen. ... Und du atmest die würzige Luft ein. ... Du erreichst eine Lichtung. ... Auf ihr steht ein Laubbaum. ... Betrachte ihn genau. ... Um was für einen Baum handelt es sich? ... Während du ihn so betrachtest, stellst du dir vor, wie dieser Baum zu Beginn des Jahres aussah, als es noch Winter war, ... ruhend und ohne Blätter. ... Du begleitest jetzt den Baum in deiner Phantasie durch die Jahreszeiten. ... Es wird Frühjahr, ... die Säfte beginnen zu strömen ... durch die Wurzeln über den Stamm in alle Äste und Zweige. ... Die Frühlingssonne breitet ihre Wärme über deinen Baum aus, ... die*

*Knospen, die den Winter über geruht haben, werden mit Leben erfüllt, ... öffnen sich ... und entfalten ihre Blätter, die sie der Sonne entgegenstrecken. ... Es entstehen Blütenknospen. ... Sie entfalten sich ... und strömen einen angenehmen Duft aus. ... Vielleicht kommt er dir bekannt vor? ... Während du noch den Blütenduft in deiner Nase spürst, ist es Sommer geworden. ... Der Baum nimmt Wärme, Licht und Nahrung auf ... und entfaltet seine volle Kraft. ... Aus ihr heraus entwickelt er seine Früchte. ... Wenn du magst, dann pflücke eine Frucht ... und koste sie. ... Nimm den Geschmack wahr. ... Die Wochen vergehen, es wird Herbst. ... Der Baum beginnt, allmählich seine Lebenssäfte aus Blättern und Zweigen zurück in den Stamm zu ziehen. ... Die Blätter verfärben sich ... von gelb ... über rot ... bis hin zu tiefem Rostbraun. ... Es kommt ein Herbstwind auf. ... Er weht die Blätter vom Baum herab. ... Sie verwelken ... und geben dem Boden Nährstoffe. ... Es ist wieder Winter geworden. ... Jetzt laß den Baum wieder Frühjahr und Sommer erleben, bis er wieder aussieht wie zu Beginn deiner Wanderung. ... Betrachte deinen Baum noch einmal, verabschiede dich von ihm. ... Geh langsam den Waldweg zurück ... und kehre nun mit deiner Aufmerksamkeit in diesen Raum und diese Gruppe zurück, aber laß dir die Zeit, die du brauchst.*

## AUSWERTUNG

Lassen Sie die SchülerInnen, die Lust dazu haben, von ihren Erlebnissen berichten. Mögliche Fragen könnten lauten:
– Wie hat euch die Phantasiereise gefallen?
– Wie sahen eure Bäume aus?
– Welche Jahreszeit hat euch besonders gut gefallen?
– Welche Sinneseindrücke habt ihr besonders stark erlebt?

Nur in erfahrenen Gruppen und vor allem wenn die SchülerInnen dies selbst äußern, können Sie die Frage erörtern, was die phantasierten Bäume mit der eigenen Persönlichkeit zu tun haben. Bitte lassen Sie nur Äußerungen zu den eigenen Bäumen zu und keine Bemerkungen über die Bäume anderer!

### Variante 1
Eine witzige Variante besteht darin, daß Sie die gelenkte Phantasie mit den SchülerInnen noch einmal rückwärts durchgehen, indem sie die Blätter und dann die Früchte wieder an den Baum fliegen lassen usw.

### Variante 2
Gehe noch einmal selbst mit deinem Baum durch die Jahreszeiten und bleibe in derjenigen Jahreszeit stehen, die dir besonders gefällt (oder zu dir paßt). Behalte dieses Bild in deinem Gedächtnis, wenn du zurückgekehrt bist, und wenn du magst, erzähle, was du gesehen hast.

**Variante 3**

Lassen Sie die phantasierten Bäume malen und vorstellen. Diese Variante ist besonders dann zu empfehlen, wenn Sie den SchülerInnen Gelegenheit geben wollen, einen Bezug zwischen phantasiertem Baum und Persönlichkeit herzustellen. (Sehen Sie hierzu auch ICH ALS BAUM.)

## INHALT

Mit Hilfe kurzer einfühlsamer und informativer Texte mit mythischem oder botanischem Inhalt werden Holzgewächse vorgestellt. Die Geschichten sollen spielerisch umgesetzt und die Bäume erraten werden.

**Alter:** Klasse 5 und 6

**Zeit:** 1 Stunde

**Übungstyp:** Vortrag, Rollenspiel

**Schwierigkeitsgrad:** * *

**Material:** Baummythen, wie nachfolgend aufgeführt aus: Susanne FISCHER: *Blätter von Bäumen*, 1982

### Eiche

**a.** Unser Baum ist riesig groß. Er ist so dick, daß vier Personen ihn nicht umfassen können, seine Rinde ist rauh, seine Wurzeln sind wie Bretter. Auf halber Höhe klafft ein riesiges Loch. Wir können hineinkriechen und hocken in einer warmen, dunklen Höhle. Es regnet draußen, aber wir bleiben trocken. Weit über uns sehen wir die Baumkrone. Ein Spruch fällt uns ein: „Vor (mmh, mmh) sollst du weichen, Buchen sollst du suchen, kannst du Linden grad nicht finden." Unser Baum steht nämlich oft auf Kreuzungspunkten von Wasseradern. Seine dicken Wurzeln bohren sich bis tief hinunter in den Boden. So ist unser Baum ein mächtiger Blitzableiter. Bei den Germanen war unser Baum das Heiligtum des Donnergottes Donar. Er durfte deshalb nicht gefällt werden.

**b.** Unser Baum ist ein knorriger, wilder Baum. Seine Früchte gaben den Schweinen einen festen, trockenen Schinken. An seinen Blättern wachsen Gallen. In ihnen schlafen und fressen kleine Gallwespenlarven. Die Blätter sind nicht gut für den Kompost, sie brauchen sehr lange, bis sie verrotten. Das Wertvollste an unserem Baum ist auch heute noch sein Holz. Es ist hart und wird nicht so leicht von Schädlingen aufgefressen. Für die alten Kelten war dieser Baum heilig. Aus seinem keltischen Namen „dair" stammt das Wort „Druide". Misteln wachsen auf unserem Baum. Sie waren für die Druiden sehr kostbar. Einmal in jedem Jahr, „im sechsten Mond", stiegen die

Druiden in weißen, weiten Gewändern in unseren Baum und schnitten die Misteln mit goldenen Sicheln. Die Mistel, gewachsen, ohne die Erde zu berühren oder mit ihr in Berührung gekommen zu sein, wurde an die Menschen verteilt. Sie machten daraus Amulette oder einen Talisman, den sie um den Hals trugen und der sie vor Krankheiten und bösen Geistern schützen sollte. Noch heute hängen die Menschen in England und Amerika zu Weihnachten Mistelzweige an ihre Haustüren.

### Schlehdorn

Unser Strauch hat dichte, dünne, schwarze Äste mit langen geraden Dornen. Die Vögel, die in ihm brüten, sind dadurch gut geschützt. Seine Blüten sind wie weiße Sterne. Es sind die ersten Blüten, die sich im Frühjahr an Wildsträuchern zeigen. Sie sind eine wichtige Nahrung für die Bienen. Seine Früchte sind dunkelblau, dick wie eine Fingerkuppe und schmecken so sauer, daß sich der Mund zusammenzieht. Nach dem ersten Frost schmecken sie etwas besser, dann können wir sie ernten und ihren Saft für kalte Wintertage aufheben. Aus seiner Rinde hat man früher rote Farbe gewonnen, um Wolle und Leinen zu färben. Den alten Persern hat die viele Säure überhaupt nicht gefallen, und sie haben ihn so lange weiter gezüchtet, bis ein Baum daraus wurde, der uns heute in unserem Garten dicke, blaue und saftig-süße Früchte liefert: die Pflaume.

### Apfelbaum

Von diesem nützlichen Baum, dessen Krone fast die Gestalt seiner Früchte wiederholt, gibt es heute über 1000 Sorten. Seine kugeligen Früchte können je nach Sorte grün, gelb, rotbackig, mehlig und saftig, aromatisch und langweilig, süß und sauer sein. Sie haben eine glatte, dünne Haut oder eine rauhe, fast pelzige Schale. Er fehlt in fast keinem Hausgarten. Leider werden heute meist langweilige grüne Früchte das ganze Jahr über im Supermarkt angeboten und verspeist.

Manche „Frucht" mit seinem Namen ist allerdings ungenießbar: Aug..., Zank..., Reichs..., Adams..., Streit..., ...schimmel. Dieser Baum ist ein uraltes Symbol des Lebens, der Liebe und der Fruchtbarkeit. Seine Form machte ihn zum Sinnbild von Erde und Weltall.

In vielen Sagen und Märchen wird von den Abenteuern des Helden erzählt, der auszog, um diese Frucht zu erlangen. Eines dieser Märchen kennst du vielleicht: Ein Mädchen fällt in einen Brunnen, wacht auf einer grünen Wiese wieder auf und wird von einem ...baum gebeten, ihm seine Früchte abzuschütteln.

Und hier noch eine Sage aus Griechenland:

Einst waren alle Götter zur Hochzeit von Thetis und Peleus eingeladen. Nur Eris, die Schwester von Ares, dem Kriegsgott, hatte man vergessen. Sie kam trotzdem und rollte einen ... in den Festsaal. Sie hatte „der Schönsten" darauf geschrieben. Da sich keine der Göttinnen traute, ihn aufzuheben, bekam der Königssohn Paris den Auftrag, ihn der schönsten Göttin zu geben: Juno, Minerva oder Venus. Er gab ihn Venus, weil sie ihm heimlich die schönste Frau der Erde versprochen hatte. Das haben sich die beiden anderen Göttinnen nicht gefallen lassen. Wie die Geschichte weitergeht, kannst du im „Untergang von Troja" nachlesen.

### Birke

Dieser Baum ist zierlich gebaut, hat eine lichte Krone, helle Borke und dreieckige, zart gesägte Blätter. Er wird heute noch als Frühlingsbote und Baum der Freude gefeiert. Seit langer Zeit wird er schon von den Menschen als Maibaum ins Dorf geholt und geschmückt. Alt und jung haben um ihn herum getanzt und gesungen. In Rußland gab es sogar die Sitte, daß er mit Frauenkleidern behängt und so zur Frühlingsgöttin gemacht wurde. Dieser Baum ist ein Lichtbaum, der die Beschattung durch andere Bäume im Wald nicht verträgt. Auf rohen Böden kann er gut gedeihen und sich befestigen. Allerdings wächst nicht viel in seinem lichten Schatten, weil er mit seinen flachen Wurzeln die Nährstoffe aus dem Boden für sein eigenes Wachstum herauszieht. Die Rinde ist wasserdicht und ist bei den Indianern zum Bau von Kanus, bei den Finnen zur Herstellung von Babyschuhen und zum Abdecken von Häusern benutzt worden. Trapper und Goldsucher haben als Notration die zarte, gelbe Innenrinde gegessen. Mit Rinde von diesem Baum gegerbtes Juchtenleder hat einen intensiven, würzigen Geruch. In einem Kräuterbuch aus dem 16. Jahrhundert ist nachzulesen, daß die Rinde als Papier benutzt wurde, daß Gedichte darauf geschrieben wurden, bevor man Papier aus Lumpen hergestellt hat.
Selbst der Saft dieses Baumes verspricht Wachstum: Ein Tee aus den Blättern oder der frisch aufsteigende Saft gilt als Schönheitstrunk, wenn man eine regelrechte, dreiwöchige Frühjahrskur damit macht. Einreibungen mit dem Saft lassen neue Haare sprießen.
Fürs Lagerfeuer gibt es einen heißen Tip: Das Holz dieses Baumes hat so viel Teer in sich, daß es auch brennt, wenn es feucht ist.

### Brombeere

Dieses Gehölz ist sehr eigenwillig. Abhängig vom Standort hat es unterschiedlich gefärbte Blüten, glatte oder behaarte, gefiederte oder gezähnte Blätter. Mit seinen scharfen Dornen hält es sich Tiere und Beerensammler vom „Leib". Ein alter Brauch spricht davon, daß seine überhängenden Zweige Unglück und Krankheit von dem abstreifen, der unter ihnen hindurchkroch. Allerdings mußte diese Zeremonie durch einen Zauberspruch begleitet werden. Für den Garten gibt es eine dornenlose Variante, deren schwarze, himbeerähnliche Beeren allerdings auch nicht ganz so aromatisch und fruchtig sind wie die wildwachsenden.

Ein Tee, aus seinen Blättern zubereitet, ist blutstillend, blutreinigend und stopfend. Die Blätter dafür muß man im April und Juni sammeln und gut trocknen. Sie ergeben einen guten Haustee, wenn man sie mit den Blättern von Himbeere, Walderdbeere, Johannisbeere, Schlehdorn, Kirsche, Apfel und Birne mischt.

## VORBEMERKUNG

Es ist sinnvoll, Abbildungen oder Teile der betreffenden Bäume und Sträucher zur Verfügung zu haben.

## ANLEITUNG

Je drei bis vier SchülerInnen bekommen eine Geschichte oder suchen sie sich aus und verabreden, wie sie sie darstellen wollen:
– Vorlesen mit verteilten Rollen,
– Spielen als Pantomime oder kurzes Rollenspiel,
– Malen.

Während der Gruppenarbeit können Sie von Gruppe zu Gruppe gehen und Verständnishilfen geben, wo es nötig ist. Danach werden die Geschichten im Plenum vorgestellt und die Bäume geraten. An diese Stunde können Sie gut eine Exkursion anschließen.

(Vgl. BAUMPHANTASIE)

## INHALT

Bestäubung und Befruchtung werden in einer gelenkten Phantasie nachvollzogen.

**Alter:** ab Klasse 6

**Zeit:** 1 Stunde

**Übungstyp:** Gelenkte Phantasie

**Schwierigkeitsgrad:** * *

## VORBEMERKUNG

Die SchülerInnen sollten bereits Vorerfahrungen mit Entspannungsübungen
und einfachen Phantasiereisen haben. Um die Interventionstiefe zu verrin-
gern, können Sie ohne die Identifizierung mit einer Pflanze arbeiten, z.B.
indem Sie eine Pflanze selbst vorgeben und den Vorgang von außen durch
eine Lupe betrachten lassen.

## ANLEITUNG

**Kurze Körperentspannung:** *Stell dir eine Pflanze vor, die du gerne sein
möchtest. ... Fühle, wie du mit den Wurzeln im Boden verankert bist. ... Ist
der Boden steinig, sandig, naß, trocken, kühl oder warm? ... Spüre, wie die
Sonne deine Blätter bescheint. ... Schau dir deine schönen Blüten an ... und
beobachte, wie ein Insekt oder Vogel angelockt wird, ... etwas Nektar nascht.
... Von dem Besuch bei einer Nachbarpflanze haftet noch etwas Pollen an
ihnen. ... Einige Pollenkörner bleiben an deiner Narbe kleben. ... Du
bemerkst, wie sich in den Pollen etwas bewegt, ... ein kleiner weißer Schlauch
wächst hervor, ... er erreicht die Kanäle, die von der Narbe hinab zu den
Samentaschen führen. ... Ganz fein gleitet der Polleninhalt hinab, ... ergießt
sich in die Samentasche ... und verschmilzt mit deren Inhalt. ... Die Tasche
verschließt sich, ... deine Blütenblätter welken ... und fallen ab. ... Aus deiner Blüte ist jetzt etwas Neues geworden. ... Ein neues Leben fängt an, ... eine
Frucht entsteht. ... Alle guten Säfte und Düfte schickst du durch deine Zweige in diese Frucht. ... Du umhüllst die Samen mit einem Nahrungsvorrat. ...*

*In der Herbstsonne wird deine Frucht prall und bunt. ... Der Herbstwind rüttelt an deinen Zweigen. ... Und schließlich läßt du deine Frucht los. ... Stell dir vor, welche Tiere und Menschen davon naschen. ... Du schaust zufrieden zu ... und bereitest dich selbst auf den Winter vor.*

*Kehre nun zu dir selbst und in diesen Raum zurück. ... Spanne dich an ... und öffne deine Augen.*

## AUSWERTUNG

Lassen Sie die Kinder von ihren Erlebnissen erzählen und ggf. ein Bild malen. Um den Sachinhalt herauszuarbeiten, können sie das Schulbuch zu Hilfe nehmen.

(nach einer Anregung von B. LESEBERG)

## INHALT

Das Werden einer Pflanze vom Samen bis zur Fruchtreife wird in der Phantasie nachvollzogen.

**Alter:** ab Klasse 9

**Zeit:** 1 Stunde

**Übungstyp:** Phantasiereise

**Schwierigkeitsgrad:** * *

## VORBEMERKUNG

Die SchülerInnen sollten bereits über Vorerfahrungen mit Entspannungsübungen oder einfachen Phantasiereisen verfügen.

## ANLEITUNG

Wir wollen uns faszinieren lassen von der Einsicht, daß die zukünftige Lebensform der Pflanze im Samen angelegt und vorbestimmt ist, und wie sie sich unter dem Einfluß günstiger Bedingungen entfalten kann.

**Kurze Körperentspannung:** *Stell dir vor, du bist eine Frucht an einem Baum. ... Wie bist du? ... Saftig, trocken, klein, groß, kannst du fliegen? ... Du schaukelst im Herbstwind und fällst schließlich herab. ... Wie ist der Boden beschaffen? ... Feucht, trocken, steinig, sandig? Oder landest du auf einem weichen Moospolster? ... Wirst du von Tieren besucht? ... Du trägst in dir eine große Kostbarkeit, ... einen wahren Schatz. ... Du hast ihn gut verwahrt. ... Laß ihn zu der Zeit heraus, die gut für ihn ist. ... Vielleicht schon im Winter oder erst im Frühling. ... Brauchst du eine Decke aus Erde? ... Gibt es ein Tier, das dir hilft? ... Gehe jetzt mit deinen Gedanken ganz hinein in diese Kostbarkeit, in den Samen. ... Spüre seine Schläfrigkeit, ... seine Geborgenheit in der Erde. ... Spüre die Wärme der ersten Frühlingssonne, die zu ihm durch die Erde dringt. ... In ihm beginnt sich Leben zu regen. ... Er saugt begierig Wasser auf ... und beginnt aufzuquellen, ... eine winzige Wurzel reckt sich ... und wächst mit sanftem Druck durch die dünne Samenhaut ...*

*wie ein kleiner weißer Finger tastet sie sich durch die Erde ... um kleine Steine herum, ... wächst in die Tiefe ... verzweigt sich, ... saugt Wasser ... und Nährstoffe. ... Jetzt wird es Zeit für den Sproß zu wachsen, ... die Kraft der Keimblätter zu nutzen ... und dem Licht entgegenzustreben, da wo die Wärme herkommt. ... Und mit jedem Schub wird es heller. ... Schließlich wölbt sich die Erde auf, ... rutscht zur Seite, ... und die vollen Sonnenstrahlen können die kleinen Blätter wärmen und nähren. ... Sie wird sich weiter recken, ... und andere, größere Blätter werden sich entfalten. ... Im Strömen und Fließen der Planzensäfte von den Wurzeln zu den Blättern ... und hin zu den Blüten wird sich eine Pflanze entfalten, die derjenigen gleicht, an der du selbst zu Beginn der Phantasiereise als Frucht gewachsen bist. ... Du hast jetzt etwas Zeit, deine Pflanze zu einem starken Baum heranwachsen zu lassen. (1–2 Minuten) ...*

*Betrachte die Pflanze noch einmal ... und laß ihre ganze Schönheit auf dich wirken. ... Verabschiede dich von ihr ... und kehre dann mit deiner Aufmerksamkeit in diesen Raum zurück.*

## AUSWERTUNG

Geben Sie Zeit für einen ausführlichen Erfahrungsaustausch und/oder lassen Sie die Erlebnisse aus der Phantasiereise mit Wachsmalkreiden malen.

## INHALT

Spielerische Körper- und Massageübung

**Alter:** alle Altersstufen

**Zeit:** 20 Minuten

**Übungstyp:** Körperübung

**Schwierigkeitsgrad:** *

## VORBEMERKUNG

Die Baummassage bietet eine gute Gelegenheit, Körperkontakt auf spielerische Weise zu ermöglichen. Weisen Sie vor allem darauf hin, daß es bei
dieser Übung nicht um das Ausagieren der „Jahreszeiten", sondern um das
angenehme Erleben der „Bäume" geht. Siehe auch Abschnitt über Körperübungen.

## ANLEITUNG

*Sucht euch einen Partner oder eine Partnerin. Bestimmt nun, wer A und wer
B sein soll. A spielt im ersten Durchgang einen Baum und B die Jahreszeiten. A stellt sich dafür fest hin. Am besten stehen dabei die Füße etwa schul-
terbreit auseinander. Achtet darauf, daß ihr auf Armeslänge Platz um euch
herum habt. Schließe jetzt deine Augen und stell dir einen Baum vor, der dir
gefällt. Fühle, wie fest du verwurzelt bist. Du befindest dich im Winter. Deine
Äste sind kahl, und du sehnst dich nach dem Frühling. B folgt nun meinen
Anweisungen. Am wichtigsten ist, daß sich euer „Baum" dabei wohl fühlt.*

Am besten ist es, wenn Sie mitmachen und im ersten Durchgang die einzelnen Schritte demonstrieren. Die anderen Paare können die Übung par-
allel dazu durchführen.

**1.** *Endlich bricht die erste Frühlingssonne durch den Winterhimmel und
beginnt, den Baum zu erwärmen.* (B streicht dabei A mit den Händen vom
Scheitel beginnend behutsam über Schultern und Arme und Rücken.
B streicht dabei mehrmals von oben nach unten.)

**2.** *Der Baum beginnt, mit seinen Wurzeln Wasser und Nährstoffe aufzunehmen. Sie steigen von unten nach oben und erfüllen Stamm und Zweige.* (B streicht etwas fester von den Füßen aus Beine und Rücken entlang über die Schultern bis in die Fingerspitzen.)

**3.** *Jetzt fällt ein leichter Frühlingsregen.* (B betrommelt A leicht mit allen zehn Fingern, beginnend am Kopf.)

**4.** *Die Knospen springen auf, und die Blätter entfalten sich.* (B bezupft A an Kopf, Rücken, Armen, Beinen und Fingerspitzen.)

**5.** *Wenn sich die Blätterkrone ausgebildet hat, kommen die ersten kleinen Vögel und suchen in dem Baum nach Nistplätzen.* (B imitiert mit den Fingerspitzen einer Hand einen kleinen Vogel, der auf Kopf, Schultern, Rücken und Armen von A landet und ein wenig herumhüpft.)

**6.** *Ab und zu weht ein leichter Sommerwind.* (B umfaßt die Schultern von A und wiegt ihn leicht hin und her. Es kann A empfohlen werden, hierbei die Füße zusammenzustellen, damit das Wiegen wirkungsvoller ist).

**7.** *Inzwischen ist es Sommer geworden, und die Sonne hat ihre volle Kraft entfaltet.* (B streichelt A wie bei Schritt 1, nur etwas fester.)

**8.** *In dieser Sommerhitze kommt ein Wanderer daher.* (B wandert um A herum.)

**9.** *Er sieht den Baum und läßt sich in seinem kühlenden Schatten nieder.* (B setzt sich und lehnt sich mit seinem Rücken gegen ein Bein von A.)

**10.** *Wenig später kommt ein Wildschwein vorbei und reibt sich an der rauhen Baumrinde.* (B läuft auf allen vieren um den Baum herum und schubbert sich mit jeder Körperseite an den Beinen von A. In nahezu jeder Gruppe taucht die Assoziation „Hund und Baum" auf. Das sorgt für kurze Heiterkeit und ist auch in Ordnung so).

**11.** *Nach einem solch heißen Tag prasselt ein kühlender Gewitterschauer auf das Land nieder.* (B verhält sich wie bei Schritt 3, nur etwas kräftiger. Vorsicht am Kopf!)

**12.** *Und gegen Ende des Sommers wehen die ersten Herbststürme.* (B verhält sich wie bei Schritt 6, nur etwas kräftiger. Die Bäume aber nicht umwerfen!)

**13.** *Die Blätter fallen von den Zweigen.* (B verhält sich wie bei Schritt 4.)

**14.** *Schließlich ist es Winter geworden, und der Schnee bedeckt den ganzen Baum mit einer dichten und auch wärmenden Decke.* (B drückt mit seinen Händen am Kopf beginnend Schulter, Rücken, Arme von A.)

**15.** *Und in der ersten Frühlingssonne beginnt der Schnee abzuschmelzen, fließt am Stamm bis zum Boden herab und tropft von den Zweigen.* (B streichelt den Körper von A wieder vom Kopf beginnend. Ähnlich wie bei Schritt 7, nur etwas schneller.)

Bei geübteren Gruppen kann im zweiten Durchgang ein Gruppenmitglied die Anweisungen übernehmen.

## ERFAHRUNG

Diese Körperübung macht allen Altersgruppen viel Spaß, wobei auch hier wieder die Klassenstufen 7 und 8 bisweilen mit Abwehr in Form von Albernheit, Grobheit oder Verweigerung reagieren. Probieren Sie es dennoch ruhig einmal aus. In Klassen, in denen das eher zärtliche gegenseitige Streicheln für viele SchülerInnen schwierig ist, können Sie statt Frühlingssonne mehr Regen, Wind und Tiere in die Anweisung einbauen.

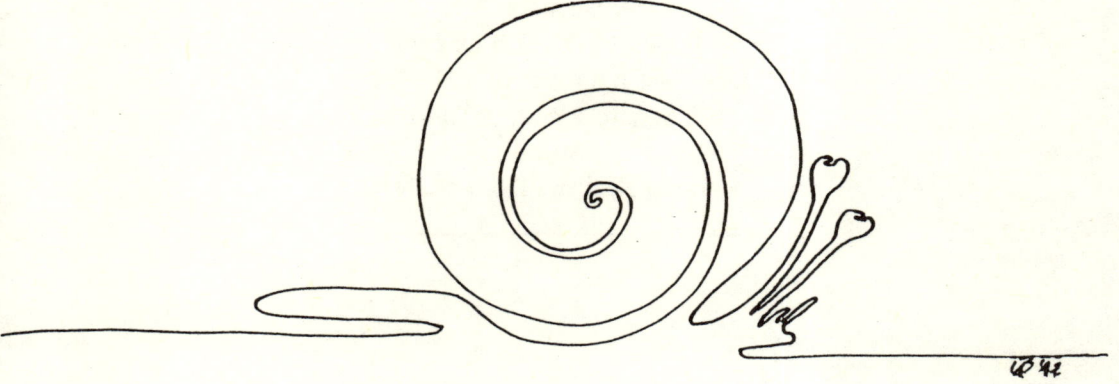

---

Man fahndet auf den Wolf,
dem alle Welt jetzt flucht,
durchstreift den ganzen Wald –
er wird umsonst gesucht,
er ist nicht da.
Ihr Freunde, laßt es sein!
Der Wolf leiht nur den Namen –
die Schafe frißt der Thomas,
Amen.
(Iwan Krylow: Der Schäfer)

---

## INHALT

Die Fortbewegung und Nahrungsaufnahme bei der Amöbe werden durch die ganze Gruppe simuliert.

**Alter:** Klasse 5 bis 9

**Zeit:** 20 Minuten

**Übungstyp:** Bewegung und Kooperation in der Großgruppe

**Schwierigkeitsgrad:** * *

## VORBEMERKUNG

Der Sinn dieser Übung besteht vor allem darin, daß sie Spaß macht. Voraussetzung ist allerdings die vorangegangene mikroskopische oder filmische Betrachtung lebender Amöben. Achten sie darauf, daß die Bewegungen wirklich fließend sind. Um eine Orientierung im Raum zu erleichtern, können sie eine Richtung angeben, in die sich die Amöbe bewegen soll. Sie werden feststellen, daß es gar nicht so einfach ist, die gemeinsamen Bewegungen und Teilungen zu koordinieren. In der strengen Form handelt es sich hier um eine Kooperationsübung, die eine hohe Konzentration erfordert, da jede/r einzelne auf die Bewegung der gesamten Gruppe achten und sich dieser anpassen muß.

Sorgen Sie für einen ausreichend großen Raum (Pausenhalle, Gymnastikraum).

## ANLEITUNG

Alle SchülerInnen sind Bestandteile einer einzigen großen Amöbe, die sich langsam amöboid im Raum bewegt, indem sie ihre Scheinfüßchen vorausschiebt. Regel ist, daß sich die einzelnen Personen nicht berühren dürfen, andererseits soll der Abstand voneinander Armeslänge nicht überschreiten. Einige Gruppenmitglieder (oder ggf. Gegenstände wie z.B. Bälle) können dabei Nahrungspartikel darstellen, die umflossen und aufgenommen werden. Auf ein Zeichen hin teilt sich die Amöbe in zwei etwa gleichgroße Tochterzellen, die sich getrennt im Raum bewegen und sich dann wieder und wieder teilen, bis jeder einzelne eine Amöbe darstellt.

## INHALT

Durch Identifikation erreichen die SchülerInnen ein tieferes Verständnis für die Lebewesen ihrer Mitwelt und ihre eigene Person.

**Altersstufe:** Sekundarstufe I

**Zeit:** 1 Doppelstunde

**Übungstyp:** Rollenspiel und Schreiben von Texten in Einzel- oder Kleingruppenarbeit

**Schwierigkeitsgrad:** * *

**Material:** Papier und Stifte

## VORBEMERKUNG

Die Grundstruktur dieser Übung bietet eine Fülle von Variationsmöglichkeiten, von denen einige im Anschluß exemplarisch beschrieben werden. Wo es sich anbietet, kann diese Übung in einem bestimmten Lebensraum durchgeführt werden (Tümpel, Wald, Wiese, Baum oder auch Tierpark). Die Darstellung der Tiere durch die SchülerInnen ist häufig über die Beschreibung hinaus stark wertend. Problematisieren Sie ggf. diese Art anthropozentrischer Naturbetrachtung.

Sorgen Sie dafür, daß sich die Schüler ihre Tiere eigenständig wählen, es sei denn, Sie als GruppenleiterIn machen selbst die Vorgaben. Achten Sie darauf, daß es bei der Wahl der Tiere innerhalb der Gruppe zu keinen verletzenden Zuschreibungen kommt. Sollte die Tendenz hierzu sehr stark sein, so sollte zunächst einmal mit Feedback- oder Vertrauensübungen gearbeitet werden, wie z.B. dem BLINDENSPAZIERGANG, dem BAUMFEEDBACK o.ä. (Vgl. hierzu auch VOPEL: *Interaktionsspiele für Kinder und Jugendliche.*)
Die folgenden Übungen sind z.T. selbsterfahrungsorientiert. Wir haben sie nach dem Grad ihrer Interventionstiefe geordnet.

## ANLEITUNG

### Übung 1

Die Identifikation erfolgt mit wichtigen Organismen eines überschaubaren Ökosystems (Tümpel, Wiese, Moor, Bach, Knick, Wattenmeer, Wäldchen oder einem einzelnen Baum). Bezogen auf das letzte Beispiel, könnten folgende Rollen gewählt werden: Der Baum selbst, Specht, Singvögel, Borkenkäfer, Ameisen, Eichhörnchen, Raupen. Die SchülerInnen informieren sich über die Lebensbedingungen „ihres" Organismus und treten dann miteinander in Kommunikation. (Vgl. auch TIERDIALOG, ÖKOLOGISCHE GESETZE, VERNETZUNGEN.) Auf diese Weise können verschiedene Synökien wie z.B. Räuber-Beute-Beziehung, Parasitismus sowie Symbiosen dargestellt und verdeutlicht werden. Die Kinder sprechen jetzt aus der Sicht des Tieres, Baumes etc.: „Ich bin ...; und ich bin wichtig, weil ...: ich ernähre mich von ...; meine Feinde sind ...; am besten gefällt mir ...: vorsehen muß ich mich vor ...; Menschen bedeuten für mich... etc."

### Übung 2

Die Identifikation erfolgt mit Nutztieren oder tropischen Tieren in Gefangenschaft. Auf diese Weise kann die Problematik bestimmter Formen der Tierhaltung bewußter gemacht werden.

### Übung 3

Die SchülerInnen suchen sich ein Haus- und/oder Wildtier aus, das sie leicht über einen Zeitraum von einem Tag bis maximal einer Woche beobachten können (z.B. Sperlinge, Spinnen, Mäuse, Tauben, Hunde, Katzen etc.). Dann wird z.B. in Tagebuchform erzählt, was dieses Tier die Woche über alles erlebt hat. Die Erzählung besteht dann aus einer Mischung von Beobachtungen und Vermutungen. Letztere können ggf. fachlich überprüft werden.

### Variante

*Stell dir vor, daß dieses Tier umgekehrt dich beobachtet hat. Was könnte es Bemerkenswertes berichten?*

### Übung 4

Die SchülerInnen sollen sich ein beliebiges wildlebendes Tier aussuchen und sich vorstellen, wie die Welt aus der Sicht dieses Tieres aussähe. Wie könnte sein Tagesablauf aussehen? Die Kinder könnten Eigenschaften, Lebensweise sowie Stärken und Schwächen aufschreiben. Kinder, die sich ähnliche Tiere ausgesucht haben, können sich in Kleingruppen austauschen. Die Ergebnisse können erzählt, aufgeschrieben, gespielt oder bildlich dargestellt werden (ggf. auch eine Kombination davon).

## AUSWERTUNG

– Wozu bin ich als dieses Tier da?
– Weshalb habe ich dieses Tier gewählt?
– An welchen Stellen beschreibe ich eigentlich menschliche Eigenschaften?
– Wie wird dieses Tier durch den Menschen bedroht? (Vgl. auch SINNE 3 und ZOO.)

**Variante**
Identifikation mit einem Tier, das man mag, und mit einem, das man nicht mag.

## ERFAHRUNG

Die SchülerInnen wählen sich häufig Tiere aus, in die sie eigene Eigenschaften oder Wunschvorstellungen projizieren. Gewähren Sie bei dieser Übung Schutz, indem Sie eigene und fremde voreilige Interpretationen und Zuschreibungen vermeiden.

(nach J.O. STEVENS)

## INHALT

Die Kinder lassen in einer kurzen Entspannung das Bild eines Tieres vor ihrem inneren Auge entstehen und spielen es anschließend.

**Altersstufe:** Klasse 5 und 6

**Zeit:** 20 Minuten

**Übungstyp:** Pantomime

**Schwierigkeitsgrad:** *

**Material:** Großer Raum mit Teppichboden

## VORBEMERKUNG

Mit kurzer Einführung und im freien Spiel ist die Übung eine kurzweilige Großgruppenaktion, bei der Sie allerdings darauf achten müssen, daß niemand verletzt wird. Sie eignet sich besonders gut als Auflockerung nach eher anstrengenden Arbeitsphasen mit Bewegungsmangel.

## ANLEITUNG

**Kurze Körperentspannung im Stehen:** *Schließ deine Augen und stell dir vor, du sitzt vor einer weißen Filmleinwand. ... Dann siehst du, wie darauf langsam ein Bild entsteht, ... und du erkennst das Bild eines Tieres. ... Um welches Tier handelt es sich? ... Wie sieht es aus? ... Was macht es gerade? ... Sieh es dir ganz genau an, ... und wenn du magst, dann geh näher heran, um noch mehr Einzelheiten erkennen zu können. ... Nun stell dir vor, du bist dieses Tier. ... Sag langsam zu dir: „Ich bin (dieses Tier)."... Wie sieht es um dich herum aus?... Halte immer noch die Augen geschlossen und nimm eine Körperhaltung ein, die diesem Tier entspricht. ... Und mache jetzt eine kleine Bewegung. ... Stell dir vor, welche Laute dieses Tier von sich gibt. ... Halte weiterhin die Augen geschlossen und geh jetzt langsam im Raum umher. ... Gib die Tierlaute von dir. ... Gleich werde ich dich auffordern, die Augen zu öffnen und einige Minuten lang dieses Tier zu spielen. ... Dabei wirst du dann auch anderen Tieren begegnen...*

*Öffnet jetzt eure Augen und nehmt mit den anderen Tieren Kontakt auf...*

## AUSWERTUNG

Im Plenum kann im Anschluß ein Auswertungsgespräch unter folgenden möglichen Fragestellungen geführt werden:
– Wie geht es euch jetzt?
– Weshalb habt ihr dieses Tier gewählt?
– Wie leicht/schwer ist euch die Identifikation gefallen?
– Hat es Spaß gemacht, dieses Tier darzustellen?
– Mit welchen anderen Tieren hattet ihr Kontakt, und was habt ihr dabei erlebt?

## ERFAHRUNG

Diese Übung macht im allgemeinen viel Spaß und ist besonders ergiebig, wenn sie mit hoher Konzentration durchgeführt wird.

**Variante 1**
Die Kinder sollen sich in Gruppen ähnlicher Tiere zusammenfinden und dann ihre Wahl begründen sowie ihre Erfahrungen aus dem Spielverlauf austauschen.

**Variante 2**
Als reines Tobespiel oder Aufwärmspiel können auch bestimmte Tiere vorgeben werden (wilder Gorilla, Wölfe und Schafe, schleichende Katzen, Schmetterlinge etc.).

## INHALT

Der TIERDIALOG ist eine Variante der Übung SICHTWEISEN. Ihr Sinn besteht u.a. darin, Hospitalisierungsfolgen bewußter zu machen, sowie die Gefährdung wildlebender Tiere durch den Menschen.

**Alter:**  alle Altersstufen

**Zeit:** 1–2 Stunden

**Übungstyp:**  Texte schreiben, Gestaltung und Rollenspiel in Einzelarbeit, Kleingruppe und Plenum

**Schwierigkeitsgrad: * ***

**Material:**  Große Papierbögen (DIN A 2), dicke Stifte

## ANLEITUNG

Es werden zuerst Paare oder Kleingruppen von maximal 4 SchülerInnen gebildet. Ihre Aufgabe besteht darin, Dialoge, evtl. als Schreibgespräch, zwischen Wild- und Haustieren zu entwerfen. So z.B. zwischen: Wild- und Hausschwein – Wolf und Schäferhund – Regenwürmern aus Acker und Biogarten – Wild- und Reitpferd – Feld- und Hausmaus – Hof- und Batteriehuhn – Wild- und Zootieren.
Dabei kann es um Themen gehen wie Lebensbedingungen, Vor- und Nachteile, Verhältnis zum Menschen, Kontakte zu Artgenossen usw. Diese Dialoge können entweder vorgelesen oder im Rollenspiel dargestellt werden. Es ist auch möglich, die Gespräche ohne Nennung der Tiere führen zu lassen. Anschließend soll dann geraten werden, um welche Tiere es sich dabei wohl gehandelt hat.

**Variante 1:** Durchführung eines Tierinterviews (evtl. im Reporterstil). So kann z.B. ein Storch dazu befragt werden, weshalb er nicht mehr so gern nach Schleswig-Holstein kommt, oder Seehunde, Mücken und Wanderratten werden zu ihren derzeitigen Lebensbedingungen interviewt. Natürlich sind auch die oben genannten Wild- und Haustiere geeignete Interviewpartner.

**Variante 2:** Interviews können auch mit Pflanzen durchgeführt werden (z.B. Brennessel, Hirtentäschelkraut, Löwenzahn, Rose, Kartoffel).

## INHALT

Die SchülerInnen imitieren die Verständigung der Bienen über die Lage einer Nahrungsquelle.

**Alter:** Klasse 5 bis 8

**Zeit:** ca. 20 Min.

**Übungstyp:** Rollenspiel; Paarübung, bei großen Gruppen (ab 30) auch zu dritt

**Schwierigkeitsgrad:** *

**Material:**
– Je Paar ein Schraubdeckelglas mit etwas Süßem darin für zwei Spieler
– Filzschreiber oder Klebeplättchen zum Markieren

## ANLEITUNG

Die SchülerInnen finden sich zu Paaren zusammen und einigen sich, wer A und wer B ist. Erklären Sie jetzt der Klasse das Spiel: Bei diesem Spiel geht es darum, daß A seinem Mitspieler ohne zu sprechen das Versteck einer „Futterquelle" auf dem Schulhof mitteilt. A bekommt ein Schraubdeckelglas, versteckt es auf dem Schulhof und markiert es mit einem Zeichen. B darf A dabei nicht beobachten.

In einem möglichst verdunkelten Klassenzimmer (= Bienenstock) teilt A ohne Worte und ohne zu schreiben oder zu zeichnen B mit, welcher Weg zum Versteck führt. Wenn B glaubt, verstanden zu haben, geht B nach draußen und versucht, sein Glas zu finden. A überprüft, ob es das richtige Glas ist. Als Lohn für ihre Mühe teilen sich die beiden Spieler das Süße im Glas.

## ERFAHRUNG

Die Aufforderung „A teilt B ohne Worte den Ort des Verstecks mit" ist bewußt so allgemein gehalten, um die SchülerInnen zu eigenen kreativen Lösungen herauszufordern. Sie wählten z.B. folgende Wege:

– A führte die Hand von B auf dem Tisch über eine imaginäre Landkarte, beginnend an der Tür zum Hof,
– A malte B den Weg auf den Rücken oder
– A hatte das Glas in einem Fahrradkorb versteckt und imitierte die Bewegung des Tretens beim Fahrradfahren.

Die Erfahrung, ohne Sprache im „stock"dunklen Klassenraum eine Information über die Außenwelt vermitteln zu können, weckt das Verständnis der Schüler für die Bienentänze, die sie anschließend in einem Unterrichtsfilm beobachten können.

## INHALT

Uns wie auch den Tieren erschließt sich die Welt mit Hilfe einer spezifischen Ausstattung mit Sinnesorganen. Die SchülerInnen schreiben Texte über die „Sinneswelt" eines Tieres. (Vgl. TIERIDENTIFIKATION.)

**Alter:** ab Klasse 9

**Zeit:** 1 Stunde

**Übungstyp:** Texte schreiben in Kleingruppen

**Schwierigkeitsgrad:** * *

## VORBEMERKUNG

Welchen kleinen Ausschnitt der immens vielfältigen Umwelt die verschiedenen Lebewesen tatsächlich wahrnehmen können, ist durch ihre jeweilige Ausstattung mit Sinnesorganen begrenzt. Oder anders ausgedrückt, ihre Welt besteht nur aus dem, was sie wahrnehmen können. Entsprechend unterschiedlich wird sie dann auch erlebt. Hier einige Beispiele:

### Fledermäuse

Diese Tiere sind bekanntlich berühmt für ihr ausgezeichnetes Gehör, mit dem sie sich in völliger Dunkelheit orientieren können. Hierzu stoßen sie in kurzer Reihenfolge Töne im Ultraschallbereich aus, die von den Gegenständen in ihrer Umgebung reflektiert werden wie Licht von einer hellen Fläche. Aus der Art, wie die Schallwellen zurückkommen, können die Fledermäuse Größe, Entfernung und Bewegung von kleinen Beuteinsekten exakt bestimmen. Sie sind in der Lage, 0,1 mm dicke Drähte zu erkennen (Versuchen Sie mal, einen solchen Draht mit dem Auge wahrzunehmen!).

### Hunde

Bisweilen heißt es: „Der Hund sieht mit der Nase." So befindet sich in der Nase eines Wolfs eine mehr als 30fach größere Riechfläche als in unserer Nase. Gemessen an der tatsächlichen Leistung ist das Riechvermögen eines Hundes dem des Menschen millionenfach überlegen. Eine deutliche Verschlechterung der Riechleistung tritt lediglich bei vorangegangener reichlicher Nahrungsaufnahme ein.

## Grubenottern

Ihren Namen haben sie von einer kleinen Grube zwischen Auge und Nasenöffnung. Im Inneren befinden sich Tausende hochempfindlicher Wärmesensoren, mit deren Hilfe Temperaturschwankungen von 0,003 Grad Celsius unterschieden werden können. Dadurch ist es beispielsweise einer Klapperschlange möglich, bei völliger Dunkelheit die Wärmestrahlung kleinerer Beutetiere bis auf eine Entfernung von 50 cm richtungsgenau wahrzunehmen.

## Zecken

Zecken sind Blutsauger, die an ihren Beinpaaren spezielle chemische Sinnesorgane besitzen. Mit ihnen können sie die Ausdünstungen (Schweiß, $CO_2$) ihrer Beute wahrnehmen. Sie lassen sich dann beispielsweise von herabhängenden Ästen auf ihre Wirte fallen oder wandern nachts auf schlafende Menschen und Tiere. Darüber hinaus verfügen diese Parasiten über einen guten Tast- und Temperatursinn.

## ANLEITUNG

Die SchülerInnen können jetzt in Kleingruppen eine Geschichte aus der Sinneswelt des jeweiligen Tiers frei erzählen oder als Schreibgespräch schreiben.

### Weiterführung

**1.** Auch die Sinne des Menschen werden nicht gleichermaßen gut genutzt: Manche von uns nehmen mehr über die Augen wahr, andere behalten besonders gut, was sie hören, und wieder andere müssen Dinge regelrecht „begreifen", um sie zu verstehen. An dieser Stelle ist eine Überleitung zu der mitunter sehr unterschiedlichen Gewichtung in der Sinneswahrnehmung jedes einzelnen möglich, mit den bekannten Konsequenzen für das individuelle Lernen. Der folgende einfache Test kann hier einen Hinweis geben: Die SchülerInnen sollen unter die Spalten „Sehen", „Hören", „Riechen" und „Anfassen" innerhalb einer Minute möglichst viele unterschiedliche Synonyme schreiben, die ihnen dazu einfallen. Es ist dabei egal, in welcher Reihenfolge geschrieben wird. Der Sinn, unter dem die meisten Begriffe stehen, ist für diese Person oft am wichtigsten.

**2.** Ferner können die SchülerInnen alle ihnen bekannten technischen Hilfsmittel nennen bzw. mitbringen, die die Menschen zur Erweiterung ihrer Sinneswelt erfunden haben, um Erscheinungen wahrnehmen zu können, für die sie keine eigenen Sinnesorgane besitzen.

(nach KUHN u.a.).

## INHALT

Gegenstände oder die eigene Person werden durch Einpassung in eine Umgebung nach Form und/oder Farbe getarnt.

**Alter:** 5. und 6. Klasse

**Zeit:** 1 bis 2 Stunden

**Übungstyp:** Gestaltung in Partnerarbeit

**Schwierigkeitsgrad:** * *

**Material:**
– Klebe, Korken, Karton, Styropor, Papier, Farbe, Draht ...
– Abbildungen von Tieren, die über eine gute Tarnung verfügen

## VORBEREITUNG

Suchen Sie für diese Übung ein bis zwei etwa gleich große, möglichst vielfältig strukturierte Gebiete aus (Waldrand, Knick, Schulgarten u.ä.).

## ANLEITUNG

**1.** Zuerst werden Zweiergruppen gebildet, die sich ihrerseits in zwei Halbgruppen A und B aufteilen.

**2.** Sie teilen die Aufgabe mit: Es sollen aus den verschiedenen Materialien in Partnerarbeit Phantasietiere gebastelt und so in die Natur gesetzt werden, daß sie möglichst gut getarnt sind, um nicht entdeckt zu werden. Sie dürfen aber nicht bedeckt werden! Die „Tiere" sollen mindestens 5 cm groß sein.

**3.** Gehen Sie zur Einstimmung mit den SchülerInnen nach draußen und weisen Sie jeder Halbgruppe ein Gebiet zu.

**4.** Gehen Sie wieder nach drinnen und geben Sie den Halbgruppen ca. 30 Minuten Zeit, in Partnerarbeit ihre „Tiere" zu basteln (gleich viele Tiere in beiden Halbgruppen!).

**5.** Die Tiere werden im Gelände versteckt.

**6.** Die Gruppen haben 10 Minuten Zeit, die „Tiere" im jeweils anderen Gebiet aufzuspüren.

## AUSWERTUNG

Eine spezielle Auswertungsphase ist nicht erforderlich. Stellen Sie die best-getarnten „Tiere" in der Klasse aus. Im Anschluß können Sie anhand der Abbildungen das Thema „Tarnung im Tierreich" behandeln.

### Variante 1
Ein DIN-A5-Blatt wird bemalt und versteckt. Es ist dabei wichtig, daß die Blätter vorher mit einer Nummer oder einem Namen gekennzeichnet wer-den, damit durch Nennung dieser Nummer/dieses Namens deutlich wird, ob das Blatt auch tatsächlich erkannt worden ist.

### Variante 2
Beliebige Alltags-Gegenstände werden an einem vorher festgelegten Weg von den Kindern so in die Natur eingefügt, daß sie frei sichtbar bleiben (vgl. CORNELL). Jede Gruppe versteckt einen Gegenstand. Gewonnen hat diejeni-ge Gruppe, deren Gegenstand am seltensten gesehen wurde und die selbst die meisten Gegenstände gesehen hat.

### Variante 3
Die Kinder tarnen sich selbst.

(nach STEVENS)

## INHALT

In einer Phantasiereise wird die Entwicklung des „Lebens" vom Mineral bis zum Landtier nacherlebt.

**Alter:** ab Klasse 10

**Zeit:** 1 Stunde

**Übungstyp:** Phantasiereise

**Schwierigkeitsgrad:** * *

## VORBEMERKUNG

Es ist uns bewußt, daß es mehrere „Eroberungen" des Landes durch verschiedene Tier- und Pflanzenstämme gegeben hat, wir beschränken uns in der folgenden Phantasiereise auf den „Landgang" der Wirbeltiere. Zugleich reduzieren wir die Evolutionsstufen, um den Spannungsbogen aufrecht zu erhalten. Wir orientieren uns an der Leitfrage: Was hat „das Leben" während seiner Entwicklung vom Mineral zum Menschen „lernen" müssen?
Wenn Sie in der Anleitung gelenkter Phantasien bereits etwas Übung haben, so können Sie in der Evolutionsphantasie auch ihre eigenen Schwerpunkte setzen.

## ANLEITUNG

**Kurze Entspannung:** *Stell dir vor, du bist ein Teilchen unbeweglicher Materie auf dem Grunde des Urmeeres, ... friedvolle Stille umgibt dich. ... Du fühlst, wie du sanft hin und her gewiegt wirst. ... Zeiten vergehen. ... Allmählich beginnst du dich mit anderen Materieteilchen zu einer Zelle zu organisieren. ... Du wirst beweglich ... und trittst in ständigen Stoffaustausch mit deiner Umgebung. ... So kannst du wachsen, ... dich teilen ... und dir einen Körper aus Millionen von Einzelzellen geben. ... Du entwickelst Augen. ... In dem tiefblauen Wasser tanzen Sonnenreflexe. ... Sie stammen von der leicht bewegten Wasseroberfläche. ... Du beginnst zu hören: ... das Rauschen des Regens auf der Wasseroberfläche. ... Während du noch lauschst, merkst du, daß dir Flossen gewachsen sind. ... Sanft und kraftvoll gleitest du über* *den allmählich ansteigenden Meeresboden ... und du zupfst dir hier und da einen Leckerbissen von den Steinen. ... Im ständigen Wechsel von Tag und Nacht werden deine Flossen zu Beinen. ... Du hörst die nahe Brandung ... und steigst in einer ruhigen Bucht an den Strand. ... Du spürst den weichen, warmen Sand unter deinen Füßen. ... Du tust einen ersten tiefen Atemzug ... und schaust dich an: ... Dichtes glänzendes Fell bedeckt deinen Körper und wärmt dich. ... Hinter dem Strand erstreckt sich ein üppiger Urwald. ... Insekten summen umher. ... Du bewegst dich immer gewandter auf dem Land. ... Schließlich richtest du dich auf. ... Deine Hände werden frei. ... Leckere bunte Früchte locken dich. ... Du greifst nach ihnen ... und nimmst wahr, wie verschieden sie sich anfühlen. ... Einige besonders leckere trägst du an einen geschützten Platz. ... Du beschließt, an diesem Ort zu bleiben ... und dir eine kleine Hütte zu bauen. ... Dein gut entwickeltes Gehirn läßt dich planvoll vorgehen. ... Du suchst dir Baumaterial und geeignete Werkzeuge. ... Während der Arbeit an der frischen Luft bemerkst du, daß dein Fell verschwunden ist. ... Es fröstelt dich. ... Du legst dir ein weiches, warmes Fell um deine Schultern ... und wärmst dich an einem flackernden Feuer. ... Verabschiede dich von diesem Bild. ... Nimm Kontakt zu der Unterlage auf, die dich trägt, ... und kehre mit deiner Aufmerksamkeit in diesen Raum zurück.*

## AUSWERTUNG

Ermöglichen Sie einen kurzen Erfahrungsaustausch in Kleingruppen (2 bis 3 Schüler). Im anschließenden Plenumsgespräch können folgende Fragen erörtert werden:
– Welche Vorstellungen habt ihr von Evolution?
– Welche Fragen habt ihr?
– Welche wichtigen Errungenschaften auf dem Weg zur Menschwerdung habt ihr erfahren?

**INHALT**

Wir erkunden den „Kampf ums Dasein" (um Lebensraum und Nahrung) bei der Miesmuschel.

**Alter:** ab Klasse 5

**Zeit:** 1 Stunde

**Übungstyp:** Rollenspiel

**Schwierigkeitsgrad:** ♦ ♦ ♦

**Material:** 30 m Seil zum Abgrenzen der „Muschelbankfläche"

Je „Strömungsspieler":
– eine Rollenvorgabe
– ein „Futterhemd" aus Fliegenschutzgaze (etwa 40 x 30 cm groß, mit Bändern auf den Rücken binden, wie die Startnummern bei Radrennfahrern)
– mindestens 40 Nahrungsplättchen (auf Klettunterlage als Nahrungsvorrat auf den „Futterhemden" festheften)

Je „Miesmuschelspieler"
  – eine Rollenvorgabe
  – ein 2,50 m langes Seil als „Byssusfaden"

**Miesmuscheln**
In dem ausgelegten Kreis sind die Lebensbedingungen für dich optimal. Die Sauerstoffversorgung und die Nahrungszufuhr sind gut. Du versuchst, dich dort niederzulassen und anzuheften, um zu fressen und zu wachsen. Allein bist du zu leicht. Die „Strömung" trägt dich wieder fort. Hefte dich mit deinem Byssusfaden an einer anderen „Miesmuschel" fest. Angle dir Nahrungsteile aus der Stömung.

**Strömung**
Du bist stark wie das Wasser der Nordsee. Du trägst kleine Tiere und Pflanzen zu den Tieren hin, die im Wattenmeer leben. Du kannst auch kleine „Miesmuscheln" forttragen, die sich auf dem Wattboden (in dem ausgelegten Kreis) niederlassen wollen. Sie leben von der Nahrung, die an deinem Futterhemd haftet.

## VORBEREITUNG

Entsprechend der Teilnehmerzahl werden Miesmuschel- und Strömungs-spieler ausgesucht. Es sollten fünfmal so viele Miesmuscheln wie Strö-mungsspieler sein. Die Strömungsspieler binden sich ihre Futterhemden um, die Miesmuschelspieler bekommen jeder ihr Seil. Beide Spielergruppen erhalten ihre Rollenvorgaben. Der Spielkreis wird mit dem langen Seil abge-grenzt.

## ANLEITUNG

Beide Spielergruppen stellen sich um den Kreis auf. Wir versuchen, während des Spiels nicht zu sprechen. Beim Startzeichen gehen die „Miesmuscheln" in den Kreis und versuchen, sich aneinander „festzuheften". Ist es ihnen gelungen, fischen sie sich Nahrung „aus der Strömung". Die „Strömung" kann freie „Miesmuscheln" aus dem Kreis heraustragen.

## AUSWERTUNG

– Welche Spielbeobachtungen sind übertragbar auf die natürlichen Bedin-gungen im Lebensraum der Nordsee?
– Wie wirken sich Strömung und Nährstoffgehalt des Wassers auf das Wachstum von Miesmuscheln aus? Gibt es günstige Positionen für die Miesmuscheln (in der Mitte der Bank, am Rand)?
– Ist die Simulation stimmig?
– Für welche Strategie entscheiden sich die „Strömungsspieler"?
– Wie gelingt es den „Muscheln", sich zu verständigen, zu kooperieren (aktiv, abweisend ...)?

## ERFAHRUNG

Dieses lebhafte Spiel kann leicht in mehreren Durchgängen gespielt wer-den.

## INHALT

In dieser Übung erfahren die Schüler den Aufbau eines dichotomen Bestimmungsschlüssels und die Zuordnung bekannter Wirbeltierarten zu ihrem Stammbaum.

**Alter:** ab Klasse 9

**Zeit:** 1 Stunde

**Übungstyp:** Spiel

**Schwierigkeitsgrad:** * *

**Material:**
– Karten mit Tiernamen (vgl. Vorschläge),
   mit den Namen der Wirbeltierklassen
   ihren Merkmalen
   evtl. Namen der Erdzeitalter
– Tesakrepp
– Tierlexika

## VORBEREITUNG

Die Karten mit den Merkmalen entsprechend der Abbildung **offen** auslegen, an den Enden die Karten für die Wirbeltierklassen **verdeckt** hinlegen. Die Wege mit Klebestreifen oder Bindfaden auf dem Fußboden kennzeichnen (empfohlener Kartenabstand ca. 1 m). Karten mit Tiernamen vorbereiten und mischen.

Abb.: (Spielfeld)

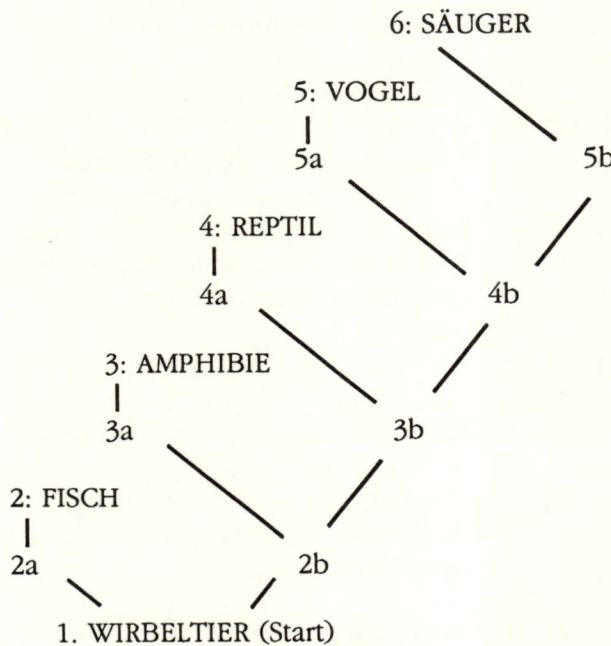

**Vorschläge für die Merkmalskarten** (nach einer Anregung von ERBEN):

Karte 1:  WIRBELTIER
Wirbelsäule
Zwei Paar Gliedmaßen (Flossen, Beine, Arme, Flügel)
Ober- und Unterkiefer

Karte 2:  FISCH
2a:  Herz mit zwei Kammern
Atmung mit Kiemen
Flossen
2b:  Gliedmaßen nicht als Flossen
Kopf durch einen Hals abgesetzt
paarige Lungen

Karte 3:  AMPHIBIE
3a:  Herz mit zwei Vorkammern und einer Herzkammer
Larven mit Kiemenatmung
ausgewachsene Tiere mit Lungenatmung

65

3b:      Oberhaut stark verhornt und mit Hornschuppen,
Federn oder Haaren bedeckt
Brustkorb von Rippen umschlossen
innere Befruchtung

Karte 4:     REPTIL
4a:      Haut mit Hornschuppen bedeckt
Herz mit zwei Vorkammern, Herzkammern unvollständig
geteilt
4b:      Körpertemperatur unabhängig von der Außentemperatur
regulierbar (gleichwarm)

Karte 5:     VOGEL
5a:      Oberhaut mit Federn
Vordergliedmaßen zu Flügeln umgebildet
Hornschnabel
5b:      Oberhaut mit Haaren bedeckt
Hautdrüsen (Milchdrüsen), die der Aufzucht der Jungen dienen (Milchdrüsen)

Karte 6:     SÄUGETIER

**Vorschläge für Tierarten (Namenkarten):**

Säuger:       Wildkaninchen, Feldhase, Katze, Pferd, Reh, Delphin
Vögel:        Bussard, Amsel, Stockente, grünfüßiges Teichhuhn
Reptilien:    Eidechse, Kreuzotter, Krokodil, Schildkröte, Ringelnatter
Amphibien:   Grasfrosch, Teichmolch
Fische:       Hai, Aal, Scholle, Karpfen

| Tierklassen | Erdzeitalter | erstes Auftreten vor Mio. Jahren |
|---|---|---|
| Wirbeltiere | ORDOVIZIUM | 440 – 500 |
| Fische | SILUR | 400 – 440 |
| Amphibien | DEVON | 350 – 400 |
| Reptilien | KARBON | 280 – 350 |
| Säugetiere | TRIAS | 190 – 230 |
| Vögel | JURA | 135 – 190 |

## ANLEITUNG

Die SchülerInnen ziehen nacheinander einzeln eine Tierkarte und starten bei der Wirbeltierkarte. Indem sie prüfen, ob „ihr Tier" eines der nächstgenannten Merkmale besitzt, entscheiden sie sich für „ihren" Evolutionsweg, steigen eine Stufe auf, treffen die nächste Entscheidung usw., bis sie ihren Platz gefunden haben. Auf den Endfeldern mit den verdeckten Karten treffen sich, entsprechend ihrer Namenkarten, mehrere SchülerInnen.

Die anschließende Reflexion über die Gemeinsamkeiten und Unterschiede von Entwicklung und Standort macht deutlich:
- Der Weg bedeutet einen Aufstieg, der z.B. zu größerer Komplexität des Baus (Herzentwicklung) und größerer Flexibilität der Leistung (Wärmehaushalt) der Tiere führt.
- Die Verlagerung der Fortpflanzung ins Körperinnere bedeutet eine weitere Unabhängigkeit von Außenfaktoren.

## ERWEITERUNG

Die Betrachtungen legen nahe, die Abfolge dieser Schritte in Zeiträumen nachzuvollziehen. Zu diesem Zweck können im Anschluß an Vermutungen durch die SchülerInnen Karten mit den Erdzeitaltern auf einer Zeitachse am Spielfeldrand ausgelegt werden.

Da sich auf den Feldern der Wirbeltierklassen mehrere SchülerInnen treffen werden, können diese Kleingruppen nach dem bekannten Muster eigenständig weitere Unterscheidungskriterien suchen, die ihren Tierarten individuelle Plätze zuweist, so daß ein weiterer dichotomer Entscheidungsweg entsteht.

### Variante
Diese Methode ist auch auf andere Stammbäume übertragbar. So läßt sie sich z.B. bei der Behandlung des Hominidenstammbaumes einsetzen.

## INHALT

Im phantasievollen Nachvollzug von unterirdischer Fortbewegung, Orientierung und Nahrungsbeschaffung entdecken die Kinder die Angepaßtheit des Maulwurfs an diese Lebensweise.

**Alter:** ab Klasse 5

**Zeit:** 30 Minuten

**Übungstyp:** Phantasiereise

**Schwierigkeitsgrad:** *

**Material:** Stopfpräparat(e) des Maulwurfs

## VORBEMERKUNG

Die SchülerInnen sollten bereits über Vorerfahrungen mit kleinen Entspannungsübungen verfügen.

## ANLEITUNG

**Kurze Körperentspannung:** *Geh mit deinen Gedanken aus dem Klassenraum, über den Flur. ... Hinter den Türen hörst du Stimmen, du öffnest leise die schwere Schultür. Der Griff ist kalt, ... du siehst dich um, niemand ist auf dem Schulhof. Eine Amsel flötet in dem Gebüsch neben dir. ... Du spürst den kühlen Wind in deinem Gesicht. ... Du gehst über den Schulhof, kommst an den Büschen vorbei, schlängelst dich hindurch und siehst eine Landschaft, die du vorher noch nicht gesehen hast: ... Du stehst am Rand einer Kuhweide. ... Du siehst die große, grüne Fläche mit den vielen gelben Löwenzahnblüten. ... Du stehst ganz still, ... vor deinen Füßen raschelt es, es bewegt sich etwas. Du schaust genauer hin, und während du in die Knie gehst, spürst du, daß du kleiner wirst. ... Jetzt bist du schon gut versteckt zwischen den Grashalmen ... und du kannst sehen, wer sich dort bewegt hat. ... Du siehst die kleine rosa Nase eines Maulwurfs. ... Er wirft dir eine große Menge lockerer, schwarzer Erde vor die Füße. Er stutzt einen Moment, sieht dich an und verschwindet wieder nach unten. ... Du bekommst Lust, ihm zu folgen, legst dich auf den Bauch und rutschst hinterher. ... Du arbeitest dich*

*voran mit Armen und Beinen, und bald ist es ganz dunkel. ... Du riechst die*
*Erde. ... Du spürst die glatten Wände des Ganges. ... Ab und zu kitzelt dich*
*eine kleine Wurzel. ... Du kommst an eine Weggabelung und hast Lust, in*
*der linken Röhre weiterzukriechen, wo du ein leises Rascheln hörst. ... Du*
*erkennst, daß das Rascheln von einem Regenwurm stammt. ... Du kriechst*
*zu ihm hin und streichelst ihn sehr behutsam. ... Du verabschiedest dich von*
*ihm und erkundest noch weitere Gänge. ... Dabei kommst du auch in das*
*Nest des Maulwurfs. ... Es ist fein ausgepolstert mit Moos und Haaren. Das*
*verlockt zu einer kleinen Toberei. ... Neugierig wanderst du weiter. ... Jetzt*
*hast du Lust, auch ein wenig zu graben. ... Die Erde ist schön locker, ... das*
*geht ja ganz leicht. ... Um die Wurzel mußt du herumgraben. Sie versperrt*
*dir den Weg. ... Etwas tiefer gehen, ... dann wieder aufwärts. ... Es wird auch*
*schon etwas heller. ... Nur noch wenige Grabebewegungen, und mit einem*
*letzten Ruck drückst du die Erde nach oben. ... Es wird hell, du kneifst die*
*Augen. ... Du mußt dich erst wieder an das Licht gewöhnen. ... Du öffnest*
*die Augen und siehst über dir eine wunderschöne leuchtende Löwenzahn-*
*blüte. ... In ihrem Schutz klopfst du dir deine Kleider ab, reckst und streckst*
*dich und wirst wieder groß. ... Du siehst noch einmal hinunter auf das kleine*
*Loch und die aufgeworfene Erde, ... gehst zurück zu den Sträuchern am Schul-*
*hof, ... gehst über den Hof, ... ziehst die schwere Tür auf, ... schleichst über den*
*Flur, ... öffnest die Tür zu diesem Raum, ... kehrst zu dir zurück, ... öffnest*
*und schließt deine Hände und bist wieder ganz in dieser Klasse. Öffne die*
*Augen und sieh dich im Raum um.*

## AUSWERTUNG

Geben Sie Raum für einen Erfahrungsaustausch. Zeigen Sie den Kindern
den Maulwurf und führen ein Unterrichtsgespräch über die Fragen:
– Wie sind die Lebensbedingungen unter der Erde?
– Wie ist der Maulwurf daran angepaßt?

# KAPITEL 3: MENSCH

Als kleine Kinder haben wir denken gelernt an Vorstellungen und Folgen von Vorstellungen, die für damals unerläßlich waren, uns geistig zu entwickeln, die jetzt uns aber ganz verschwunden, ganz verloren sind und verloren sein sollen, da wir sie nicht mehr brauchen, sondern ein Neues nun aus ihnen sich entwickelt hat.

(C. G. Carus: Natur und Seele)

## INHALT

Schüler ertasten bei sich oder anderen die Bewegungen bei Brust- und Bauchatmung und erfahren den Zusammenhang zwischen Gefühlsregung und Atmung.

**Alter:** alle Alterstufen

**Zeit:** 45 Minuten

**Übungstyp:** Körperwahrnehmung als Einzel- oder Paarübung mit anschließendem Gruppen- oder Plenumsgespräch

**Schwierigkeitsgrad:** *

## VORBEMERKUNG

Hierbei handelt es sich um eine gute Anfängerübung zur Körperwahrnehmung. Die gemachten Beobachtungen zur Brust- und Bauchatmung können in einer Weiterführung dann mit unterschiedlichen Gemütsbewegungen in Verbindung gebracht werden. Ein Gespräch darüber fördert die Offenheit und Vertrautheit in der Lerngruppe.

## ANLEITUNG

*Schließe die Augen und achte auf deinen Atem, ohne ihn zu verändern. ... Lege deine Hände zuerst auf deine Brust, ... dann auf die Brustseiten ... und auf deinen Bauch. ... Wo nimmst du Bewegung wahr? ... Lege jetzt deine Hände auf den Bauch und versuche zu atmen, ohne daß sich deine Bauchdecke bewegt. ... Nun lege die Hände auf den Brustkorb und versuche zu atmen, ohne daß sich dein Brustkorb bewegt. ... Öffne deine Augen.*

## AUSWERTUNG

Tausche dich mit deinem Nachbarn über deine Beobachtungen aus. Erörtert folgende Fragen:
– Welchen Unterschied habt ihr zwischen beiden Atmungsweisen festgestellt?
– Was glaubt ihr, wie es zu den unterschiedlichen Bewegungen kommt? Schlagt in eurem Lehrbuch nach!

**Variante 1**

Sind die SchülerInnen bereits vertraut miteinander, können sie sich auch gegenseitig berühren und so die Bewegungen des Partners wahrnehmen.

**Variante 2**

Ein zusätzliches kleines Experiment kann den SchülerInnen den Zusammenhang zwischen Atmungsweise und emotionaler Verfassung verdeutlichen:

*Schließe deine Augen ... und erinnere dich an eine Situation, in der du zum letzten Mal Angst vor etwas oder jemandem hattest. .... Vielleicht fällt dir dabei eine Begebenheit aus der Schule ein. ... Versuche, diese Angst noch einmal zu spüren. ... Beobachte deinen Atem. ... Wie atmest du? ... Wie tief strömt dein Atem? ... Verlasse diese unangenehme Erinnerung und atme wieder ganz normal. ... Denke jetzt an eine Situation, in der du dich sicher, entspannt und wohl gefühlt hast. ... Geh auch hier noch einmal in dieses Gefühl hinein ... und spüre deinen Atem. ... Öffne deine Augen.*

Entsprechendes läßt sich mit Gefühlen von Ärger, Freude, Trauer oder Verliebtheit durchführen. Geben Sie nach jeder Phase Zeit, sich über die erinnerten Situationen in Kleingruppen oder auch im Plenum auszutauschen.

## INHALT

Die SchülerInnen unternehmen mit einem Mini-U-Boot eine Phantasiereise durch das Blutgefäßsystem eines menschlichen Körpers und beobachten dabei die äußere und innere Atmung.

**Alter:** alle Altersstufen

**Zeit:** 1–2 Stunden

**Übungstyp:** Phantasie, Bewegungsübung, Spiel

**Schwierigkeitsgrad:** * * *

**Material:** evtl. Zeichenkarton und Buntstifte

## VORBEMERKUNG

Diese Übung ist zur Vertiefung und Sicherung bereits kognitiv aufgenommenen Wissens geeignet. Die Perspektive aus einem „U-Boot" heraus ermöglicht zwar eine gewisse Distanz zu den intrakorporalen Ereignissen, doch sollten gelenkte Phantasien, bei denen es um Ereignisse innerhalb des menschlichen Körpers geht, nur mit Gruppen durchgeführt werden, die bereits Vorerfahrungen auch mit längeren Imaginationsexperimenten haben. Weisen Sie an dieser Stelle noch einmal ausdrücklich auf die Möglichkeit eines Ausstiegs hin. Die recht lange Phantasiereise läßt sich auch in einzelne Abschnitte unterteilen. An geeigneten Stellen werden wir dazu einen Hinweis geben. Nach jeder Einzeletappe können die jeweiligen Erlebnisse ausgetauscht sowie die einzelnen Reiseabschnitte am Modell gezeigt und erläutert werden. Es ist umgekehrt auch möglich, die geplante Wegstrecke im voraus zu erklären, gewissermaßen als Planungsgespräch für das „Forscherteam". Ggf. kann die „Reise" an verschiedenen Unterrichtstagen fortgesetzt werden.
Diese Phantasiereise besitzt daneben exemplarischen Charakter und zeigt, wie eine Reise durch den Körper aufgebaut sein kann. Bei Reisen durch den Körper handelt es sich um eine Übungsstruktur, die äußerst vielfältig einsetzbar ist. Allerdings sollten Sie über eigene Erfahrungen mit Phantasieexperimenten verfügen und in deren Anleitung geübt sein.

## ANLEITUNG

*Stellt euch vor, daß ihr zu einer Forschungsgruppe gehört, die den mensch-*
*lichen Körper mit gläsernen Mini-U-Booten erforschen soll. Die Besonderheit*
*besteht darin, daß diese Boote zusammen mit ihrer Besatzung so stark ver-*
*kleinert werden können, daß sie sämtliche Gewebe durchdringen können,*
*ohne sie zu verletzen. Außerdem sind die Boote unzerbrechlich. Euer heu-*
*tiger Auftrag besteht darin, den Weg der Atemluft im Körper einer Ver-*
*suchsperson zu verfolgen. Und jetzt geht es los!*

**Kurze Körperentspannung:** *Stell dir jetzt vor, wie du alleine oder mit*
*anderen in eines der durchsichtigen U-Boote steigst. ... Du siehst dich um*
*und weißt, daß du dich ganz sicher und geborgen fühlen kannst. ... Nun*
*beginnt der Verkleinerungsvorgang. ... Du bemerkst, wie die Gegenstände in*
*der Umgebung immer größer und größer werden ... bis euer Boot schließlich*
*so winzig und leicht ist, daß es sanft schwebt wie eine Feder in der Luft. ...*
*Du kannst sogar einzelne Sauerstoffteilchen erkennen. ... Sie besitzen eine*
*Farbe, ... und sie gefällt dir. ...Jetzt siehst du, wie du dich der Mundöffnung*
*näherst, ... und schon wird dein Boot eingeatmet. ... Du befindest dich in*
*der Mundhöhle. ... Über dir erkennst du den Gaumen, ... unten liegt ganz*
*ruhig die Zunge. ... Du steuerst um das Zäpfchen herum ... und siehst vor dir*
*den dunklen Rachen. ... Du schaltest die starken Scheinwerfer ein, und alles*
*ist taghell erleuchtet. ... Vor dir siehst du, wie sich der Tunnel gabelt. ... Es*
*handelt sich um Speise- und Luftröhre. ... Du fährst in die Luftröhre. ... Du*
*erkennst sie an den festen, weißlich schimmernden Knorpelringen. ... Nach*
*kurzer Zeit erreichst du die Verästelungen der Bronchien. ... Hier werden*
*die Kanäle allmählich immer schmaler und schmaler. ... Die Wände sind*
*dicht mit kleinen Flimmerhärchen besetzt, die wie ein Kornfeld im Wind*
*hin- und herwogen. ... Du erkennst an vielen Stellen kleine Schleimtropfen*
*und Staubteilchen, ... und manchmal sind die Härchen sogar durch Teer-*
*klumpen verklebt. ... Schließlich endet der Weg in einer kleinen Kammer, ...*
*und du weißt, daß du in einem Lungenbläschen angekommen bist. ... Neu-*
*gierig siehst du dich darin um.*
(An dieser Stelle ist eine Unterbrechung möglich).

**Unterbrechung:** *Bereite dich jetzt darauf vor, deine Reise zu unterbrechen.*
*... Verabschiede dich in deiner Phantasie von diesem Ort. ... Spüre die Unter-*
*lage, die deinen Körper trägt, ... und kehre nun mit deiner Aufmerksamkeit*
*in diesen Raum und diese Gruppe zurück. Aber laß dir die Zeit, die du*
*brauchst.*

**Weiterführung:** *Erinnere dich an die Bilder in deiner Phantasie, bevor du*
*deine Reise in den Körper unterbrochen hast. ... Du befindest dich in einem*

*Lungenbläschen, in dem du nach deiner Fahrt durch die Atemwege ange-
kommen bist. ... Vor deinen Augen schweben die Moleküle (Teilchen) der ein-
geatmeten Luft. ... Als du die Wände des Raumes genauer betrachtest,
erkennst du kleine Blutgefäße. ... In ihnen treiben rote Scheiben an dir vorbei. ... Du weißt, es sind rote Blutkörperchen. ... Du kannst erkennen, wie
die Sauerstoffteilchen durch die Wand dringen und sich an die Blutkörperchen anheften. ... Du folgst ihnen und steuerst dein Boot durch die Wand
eines Blutgefäßes, ... und schon befindest du dich inmitten der Blutflüssigkeit, ... umgeben von zahllosen Blutkörperchen. ... Der Strom des Blutes trägt
dein Boot weiter. ... Ein sanftes, gleichmäßiges Pochen begleitet deine Reise
von jetzt an. ... Es ist der Herzschlag, der das Blut strömen läßt. ... Von der
kleinen Blutader gelangst du allmählich in immer weitere und größere Blutgefäße. ... Das Pochen wird lauter, ... und du weißt, daß du dich mit deinem U-Boot dem Herzen näherst. ... Du schwebst in die linke Vorkammer. ...
Wenn du die Wände der Kammer betrachtest, kannst du sehen, wie sich die
Muskeln rhythmisch zusammenziehen. ... Rechts und links von dir bemerkst
du weißliche Bänder. ... An ihnen ist eine Herzklappe befestigt. ... Sie flattert
wie ein weißes Segel im Wind, wenn sie sich öffnet und schließt. ... Deshalb
wird sie auch Segelklappe genannt. ... Du schwebst weiter und erreichst die
große und geräumige Hauptkammer. ... Um dich herum wirbeln die Blutkörperchen, an denen der Sauerstoff haftet. ... Vor dir erkennst du in der
Herzwand die dreiteilige Aortenklappe. ... Sie öffnet und schließt sich im
Rhythmus des Herzens. ... Du näherst dich ... und gleitest mit dem Strom hindurch in die Aorta. ... Das Blut fließt hier sehr rasch. ... Nach einer Weile
erreichst du eine Verzweigung, ... und du nimmst den rechten Weg. ... Allmählich werden die Adern wieder schmaler. ... Du treibst langsamer ... und
spürst ein sanftes Schaukeln. ... Schließlich wird das Gefäß so eng, daß du
in einer Kette mit den Blutkörperchen treibst. ... Die Wand der Ader ist hier
ganz dünn, ... und du siehst die Körperzellen hindurchschimmern. ... Wenn
du genau hinsiehst, kannst du sogar die Zellkerne erkennen. ... Du beobachtest, wie sich die Sauerstoffteilchen von den Blutkörperchen ablösen ...
und durch die Wand der Ader in die Körperzellen wandern. ...
Zugleich dringen Kohlendioxidteilchen aus den Körperzellen durch die
Gefäßwand. ... Sie sehen anders aus als der Sauerstoff, ... und einige heften
sich an die freien Stellen der roten Blutkörperchen. ... Die anderen schwimmen frei im Blut. ... Du setzt deine Reise fort. ... Die Ader wird wieder etwas
weiter, ... und du überholst ein Blutkörperchen vor dir. ... Du näherst dich
wieder dem Herzen. ... Du beschleunigst deine Fahrt ... und gelangst schließlich in die rechte Vorkammer. ... Es sieht hier aus wie auf der linken Seite zu
Beginn deiner Reise. ... Du schwebst an der Segelklappe vorbei in die rechte
Hauptkammer ... und verläßt das Herz durch eine dreigliedrige Klappe. ...
Du befindest dich jetzt in der Lungenarterie. ...*

(An dieser Stelle ist eine Unterbrechung möglich)

*Während du die Kohlendioxidteilchen um dich herum betrachtest, merkst du, wie du mit deinem Boot wieder in den schmalen Äderchen der Lunge angekommen bist. ... Du beobachtest, wie das Kohlendioxid durch die Gefäßwand hindurchwandert ... in ein Lungenbläschen hinein. ... Du folgst ihnen. ... Du hörst den Atemwind ... und siehst, wie die Kohlendioxidteilchen im Luftstrom herumwirbeln. ... Dann wirst du mit dem Luftstrom vorangetrieben, ... in eine Bronchie hinein, ... weiter durch die Luftröhre hindurch ... bis du einen Lichtschimmer wahrnimmst ... und weißt, daß du dich der Mundhöhle näherst. ... Du wirst ausgeatmet und schwebst mit deinem Fahrzeug wieder in der freien Luft. ... Sanft landest du schließlich auf einem weichen Seidenkissen in deiner Lieblingsfarbe. ... Das Boot wird langsam wieder größer ... und du mit ihm. ... Nun besitzt alles um dich herum wieder die normale Größe. ... Die Reise ist zuende. ... Erinnere dich noch einmal an deine Erlebnisse. ...*
*Kehre mit deiner Aufmerksamkeit wieder in diesen Raum und diese Gruppe zurück, aber laß dir die Zeit, die du brauchst.*

## AUSWERTUNG

Geben Sie Ihrer Gruppe nach dieser intensiven Phantasiereise Raum für einen Erfahrungsaustausch. Verschieben Sie die fachliche Auswertung auf die Folgestunde.

## ERFAHRUNG

Die Länge der Reise durch den Körper führt in der Regel zu intensiven, meist durchaus angenehmen Erlebnissen sowohl in der bildlichen Wahrnehmung als auch im Körpergefühl. Für manche ist das Erleben jedoch zu dicht und die Entspannung zu tief. Die SchülerInnen sollten daher vor Beginn der Übung ausdrücklich auf die Möglichkeit zum vorzeitigen Ausstieg hingewiesen werden.

## INHALT

Hierbei wird die Versorgung unseres Körpers mit Sauerstoff und der Abtransport von Kohlendioxid in einer Spielaktion nachvollzogen. (Das Spiel kann zunächst nur im Blick auf die Vorgänge in der Lunge und später unter Einbeziehung der inneren Atmung durchgeführt werden.)

**Alter:** Klasse 5 und 6

**Zeit:** 1 Doppelstunde

**Übungstyp:** Spielaktion

**Schwierigkeitsgrad:** *

**Material:** Tesakrepp; große Bögen Packpapier; je 50 rote und blaue Kärtchen; Schilder mit Aufschrift „Kopf", „Darm", „Arme", „Beine"; 4 Schultische

**Spieler:**
- 2 „Lungenspieler"
- Der Rest der Klasse spielt zu gleichen Teilen „Luft" oder „Rote Blutkörperchen"

**Rollenkarte „Luft":** Du spielst „Luft" und bringst Sauerstoff (rote Kärtchen) von außen durch die Luftröhre in die Lunge.

**Rollenkarte „Rotes Blutkörperchen":** Du bist ein rotes Blutkörperchen. Du bewegst dich in Pfeilrichtung nur innerhalb der Adern. Du bekommst in der Lunge ein Sauerstoffteilchen (rotes Kärtchen) und trägst es zum Kopf, zum Darm, in die Beine oder Arme. Dort gibst du den Sauerstoff ab (indem du dein rotes Kärtchen auf den Tisch legst), kriechst durch die engen Kapillaren (unter dem Tisch durch) und nimmst ein Kohlendioxidteilchen (blaues Plättchen) auf. Dieses trägst du zur Lunge, gibst es dort ab, bekommst wieder ein Sauerstoffteilchen usw.

**Rollenkarte „Lungenspieler":** Du bist ein Pförtner, der sich in der feinen Wand eines Lungenbläschens befindet. Du nimmst das Kohlendioxid (blaue Kärtchen), das von den roten Blutkörperchen herantransportiert wird, und gibst dafür Sauerstoff (rote Kärtchen) ab, der mit der Luft herangetragen wird.

## VORBEREITUNG

Raum in der Mitte freiräumen. Auf Packpapier und/oder mit Tesakrepp das Spielfeld gestalten (siehe Skizze). Die Tische stellen verschiedene Organe dar und werden mit den Schildern gekennzeichnet und entsprechend auf dem Spielfeld plaziert. Auf jedem Tisch liegt je ein Häufchen roter und blauer Kärtchen.

### Spielfeld

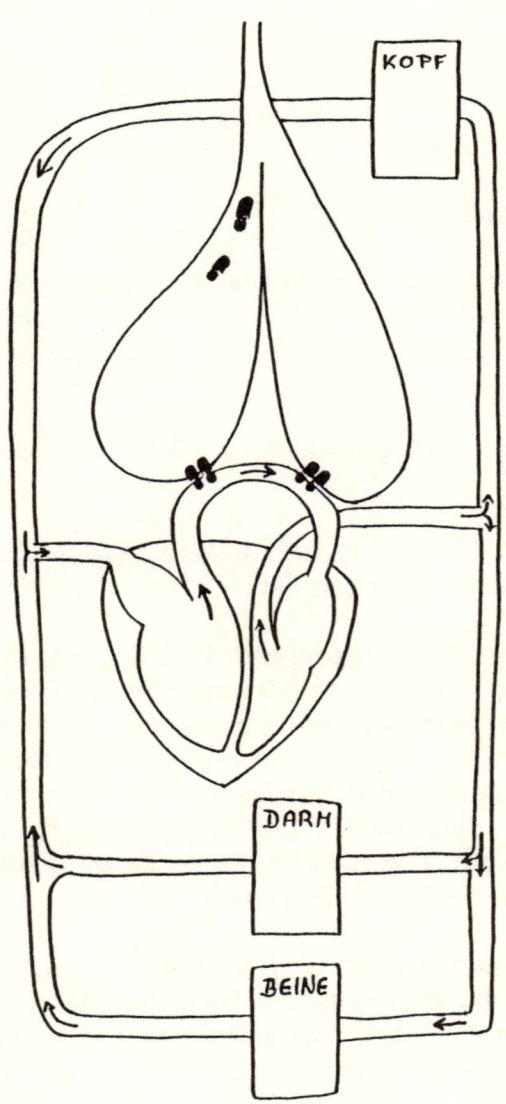

## ANLEITUNG

Evtl. im Anschluß an ATEMBEWEGUNG geben Sie folgende Anleitung:
*In der letzten Stunde habt ihr euren Atem beobachtet, und ihr habt mir erzählt, daß beim Atmen Sauerstoff und Kohlenstoffdioxid wichtig sind. Heute könnt ihr einmal nachspielen, was dabei geschieht.*
Die Schüler ziehen Rollenkarten und machen sich mit dem Spielfeld vertraut.
**Erweiterung**: Sie können die Klasse auch selbst das Spielfeld entwerfen und/oder zeichnen lassen.

## AUSWERTUNG

(Evtl. in der Folgestunde)
Bitte füllt zur Auswertung folgenden Fragebogen aus: (Siehe nächste Seite)

**Variante**
Die Bodenskizze kann im Kleinformat auch als Grundlage für ein Brettspiel verwendet werden. Start und Ziel ist beispielsweise die Lunge. Die Figuren sind die roten Blutkörperchen. Ihre Aufgabe besteht darin, Sauerstoff zu einer Körperzelle hin und Kohlendioxid zurück zur Lunge zu bringen. Auf ihrem Weg lauern viele Gefahren, wie z.B. Kohlenmonoxid aus Zigaretten (zweimal aussetzen), Blutgerinnsel (einmal aussetzen), weiße Blutkörperchen (zurück zum Start), offene Wunden etc. Sie können solche Brettspiele z.B. auch in Kleingruppen entwerfen lassen.

## ERFAHRUNG

Nach einer kurzen Orientierungsphase, in der sich die Kinder gegenseitig Hinweise geben, läuft das Spiel wie von selbst. Im Verlauf stoßen die Kinder auf verschiedene Schwierigkeiten und Fragen: Einmal kommt das Spiel zum Stillstand, weil die Kinder allen Sauerstoff vom Boden gesammelt haben und nur noch blaue Plättchen herumliegen. Petar meldet sich: „Dafür sind die Bäume da, die verbrauchen das Kohlendioxid und stellen Sauerstoff her." Hier könnte man das Spielfeld noch erweitern. Florian ist reichlich im Kreis gelaufen: „Ich bin jetzt schon außer Puste, und die müssen 90000 km laufen."

## **FRAGEBOGEN** ATEMKREISLAUF

**1.** Ich war „Luft" ............................................................ ☐

    Ich war ein rotes Blutkörperchen ................................. ☐

    Ich war ein Lungenspieler .......................................... ☐


**2.** Ich wußte, was ich tun sollte ................................. ☐

    Ich wußte nicht, was ich tun sollte ......................... ☐


**3.** Mein Weg war ....................................................................
.................................................................................................
.................................................................................................
.................................................................................................

    Meine Aufgabe war ........................................................
.................................................................................................
.................................................................................................
.................................................................................................


**4.** Ich hatte Spaß am Spiel ....................................... ☐

    Ich fand es nicht so gut .......................................... ☐

    Mich hat gestört, daß.......................................................
.................................................................................................
.................................................................................................
.................................................................................................

## INHALT

Die SchülerInnen erfahren den Zusammenhang zwischen Atmen und Entspannung.

**Alter:** alle Altersstufen

**Zeit:** 20 Minuten

**Übungstyp:** Gelenkte Phantasie

**Schwierigkeitsgrad:** *

## VORBEMERKUNG

Richtiges tiefes Atmen hat eine entspannende und oft heilende Wirkung. Das Bild des Atmens als ein Vorgang, mit dem wir Verbrauchtes und Schädliches abgeben und zugleich lebensspendenden Sauerstoff aufnehmen, eignet sich sehr gut für eine Übertragung auf seelischen „Müll" bzw. positive Lebensenergie. Diese Übung ist eine gute Ergänzung zum Thema Atmung und macht den Zusammenhang zwischen Atmung und Befindlichkeit deutlich (vgl. auch ATEMBEWEGUNG u. ATEM(K)REISE). Zugleich erhalten die SchülerInnen eine mögliche Methode zur Körperentspannung und Streßbewältigung, z.B. vor oder nach anstrengenden Vorhaben.

## ANLEITUNG

*Setz dich bequem hin ... und beobachte nun deinen Atem, ohne ihn zu verändern. ... Spüre, wie er durch die Nase einströmt ... und deine Lungen erfüllt. ... Spüre, wie sich dabei dein Bauch und dein Brustkorb ausdehnen, ... mit jedem Ausatmen gibst du verbrauchte Luft aus deinem Körper ab, ... und mit jedem Einatmen versorgst du deinen Körper mit frischer, lebensspendender Luft. ... Dein Atem ist eine Kraft, die von ganz alleine wirkt, ... ohne daß du dich anstrengen oder etwas dafür tun mußt. ... Stell dir jetzt vor, wie du mit jedem Ausatmen auch Anspannungen und belastende Gedanken abgeben kannst. ... Vielleicht kannst du sehen, wie sie deinen Körper verlassen ... und im Raum davonschweben. ... Du spürst die Erleichterung, ... und mit jedem Einatmen kannst du gute Energie in dich aufnehmen, ... die dich mit Lebendigkeit und Freude erfüllt. ... Wenn du magst, gib dieser guten Energie deine Lieblingsfarbe. ... Atme jetzt einige Male tief in deinen Bauch und spüre, wie diese gute Energie deinen ganzen Körper angenehm durchströmt.*

## ERFAHRUNG

Es handelt sich um eine gute Übung zur Einführung von Phantasieexperimenten. Die meisten TeilnehmerInnen spüren die Entspannung.

## INHALT

Die SchülerInnen klären ihre Erwartungen an das Fach Biologie und reflektieren dabei ihre Mitverantwortlichkeit für Unterrichtsthemen und -verlauf.

**Altersstufe:** ab Klasse 9

**Zeit:** 1 Stunde

**Übungstyp:** Gruppengespräch

**Schwierigkeitsgrad:** * *

## VORBEMERKUNG

Die folgenden, eigentlich naheliegenden Fragen werden von SchülerInnen allgemein als überraschend, wenn nicht gar abwegig empfunden: „Was möchtest du im Fach Biologie lernen?" oder „Was sollte man deiner Meinung nach über Biologie wissen?". Angesichts der vorherrschenden Fremdbestimmtheit durch Lehrplan und LehrerInnen verschwenden die allermeisten SchülerInnen an diese Überlegungen kaum einen Gedanken. Das ist bedauerlich, da auf diese Weise der Weg zu einem selbstverantwortlichen und schülerorientierten Lernen versperrt wird. Diese einfache Übung ist besonders für die Anfangssituation in einer Klasse oder in einem Kurs geeignet.

## ANLEITUNG

Fragenbeispiele:
- Was möchtest du im Fach Biologie lernen?
- Was sollte man deiner Meinung nach heutzutage über Biologie wissen?
- Inwieweit findest du das Fach Biologie wichtiger/weniger wichtig als andere Fächer?
- Aus welchen Motiven hast du das Fach Biologie gewählt?
- Welche Erfahrungen hast du bisher im Biologieunterricht gemacht?
- Was hat dir gefallen, was weniger?
- Was erwartest du in diesem Unterricht von dir, den anderen und dem Lehrer?
- Auf welche Art und Weise lernst du am besten?

Geben Sie 2 bis 4 für Ihre Unterrichtssituation passende Fragen vor. Zunächst soll jeder Schüler die Antworten für sich in Einzelarbeit notieren. Dann wird in Paaren oder kleinen Gruppen darüber gesprochen. Anschließend folgt die Diskussion im Plenum unter der Leitfrage: Welche Konsequenzen ergeben sich daraus für unseren gemeinsamen Unterricht?

## ERFAHRUNG

Diese Fragen führen oft zu einer lebhaften Diskussion über das Fach und schulisches Lernen allgemein. Darüber hinaus wird der Blick für die eigene Verantwortung am Unterrichtsgeschehen geschärft bzw. erst eröffnet. Wichtig ist in diesem Zusammenhang allerdings, keine unerfüllbaren Erwartungen an sich stellen zu lassen oder in den SchülerInnen zu wecken. Demgegenüber können aber gemeinsam realistische Vorstellungen unter Berücksichtigung der äußeren Gegebenheiten und der persönlichen Möglichkeiten formuliert und ggf. erprobt werden, wie z.B. bei der Unterrichtsplanung, den Arbeitsformen und der Akzeptanz der formulierten Unterrichtsziele einzelner SchülerInnen.

(nach einer Anregung von W. PROBST)

## INHALT

Unterschiedliche Naturmaterialien werden der Reihe nach sinnlich erkundet und anschließend von der Gruppe geordnet und ggf. benannt bzw. bestimmt.

**Alter:** alle Altersgruppen

**Zeit:** 20 Minuten

**Übungstyp:** Wahrnehmungsübung

**Schwierigkeitsgrad:** *

**Material:**
- je Kleingruppe 10 Tastobjekte aus dem jeweiligen Lernzusammenhang, z. B. Spülsaumfunde, Muschel- und Schneckengehäuse, duftende Wildkräuter, importierte Früchte und Gemüse
- eine Augenbinde pro Person

## VORBEMERKUNG

Diese Übung bietet sich an für einen „einfühlenden" Einstieg in eine neue Unterrichtseinheit. Es ist wichtig, bei dieser Übung mit verbundenen Augen das erforderliche Vertrauen der SchülerInnen nicht zu mißbrauchen und nichts Gefährliches, Ekliges oder Erschreckendes zum Erkunden anzubieten.

## ANLEITUNG

Die SchülerInnen teilen sich in Gruppen zu maximal 10 Personen auf. Den TeilnehmerInnen werden die Augen verbunden. Ein Gruppenmitglied kann das Austeilen des Materials übernehmen; es spielt dann allerdings nicht mit. Nun wird das erste Tastobjekt der ersten Person in die Hand gelegt. Sie erkundet es ausgiebig und gibt es dann weiter. Sie erhält den zweiten Gegenstand usw.

Es kommt dabei in erster Linie darauf an, den Gegenstand in seiner Einmaligkeit und Besonderheit wahrzunehmen, um ihn nachher wiederzuerkennen. Erst in zweiter Linie geht es darum, ihn richtig zuordnen oder benennen zu können. Nach gründlicher Erkundung wird der Gegenstand weitergereicht und ein neuer entgegengenommen. Wenn auf diese Weise alle 10 Objekte durchgereicht worden sind, werden sie von den Sehenden ungeordnet liegengelassen. Die Augenbinden werden abgenommen, und die Gruppe hat nun die Aufgabe, die Gegenstände in die getastete Reihenfolge zu bringen.

## ERFAHRUNG

Die Anzahl von 10 Gegenständen hat sich bewährt. Sie ist nicht so groß, daß die Geduld der Gruppe überstrapaziert wird, aber ausreichend, um das Wiedererinnern doch so schwer zu gestalten, daß die Gruppe auf einen Austausch ihrer Erinnerungen angewiesen ist.

### Variante 1
Die SchülerInnen erhalten Bestimmungsliteratur, um die Tastobjekte benennen zu können. Die Namen bzw. Steckbriefe werden auf getrennte Kärtchen geschrieben. Auf diese Weise kann eine kleine Ausstellung gestaltet werden, oder aber die Kärtchen stehen als Memory für eine selbständige Wiederholung zur Verfügung.

### Variante 2
Die Gegenstände werden numeriert und der Reihe nach hinter dem Rücken weitergereicht.

### Variante 3
In einer Großgruppenübung ertastet ein Schüler das Objekt, beschreibt es und die anderen versuchen, es richtig zu benennen.

### Variante 4
Die SchülerInnen bilden Paare und A streichelt B (der die Augen geschlossen hat) mit unterschiedlichen Naturmaterialien wie Tannenzweigen, Federn, Fell oder Farnwedeln am Arm oder im Gesicht (vorher verabreden). B versucht die Gegenstände zu erraten.

### Variante 5
In Anlehnung an die KIM-Spiele wird verabredet, daß einzelne Gegenstände ausgetauscht, hinzugefügt oder entfernt werden.

## INHALT

Wahrnehmung und Zuordnung bzw. Identifikation von Naturmaterialien mit Hilfe des Tastsinns.

**Alter:** alle Altersstufen

**Zeit:** 20 Minuten

**Übungstyp:** Wahrnehmungsübung

**Schwierigkeitsgrad:** *

**Material:**
– Naturmaterialien (Steine, Blätter, Früchte, Samen, Rinde, Moos, Muschel- oder Schneckengehäuse oder Spülsaumfunde wie Rocheneier, Tinten- fischschulp, Holz, Laichballen der Wellhornschnecke... etc.)
– Schuhkarton mit handgroßer Öffnung

## VORBEMERKUNG

Diese Übung ist vor allem für Ausstellungen z.B. im Rahmen einer Projekt- woche geeignet, in denen das „Anfassen erlaubt" sein soll. Die Naturge- genstände können z.B. aus einem Biotop stammen. Die Übung läßt sich vielfältig variieren und einsetzen (z.B. zur Wiederholung, als Einführung in ein Thema, als Quiz oder Wettkampf, zur Einübung einer differenzierteren verbalen Beschreibung oder bildlichen Darstellung).

## ANLEITUNG

Die Naturmaterialien werden in den Schuhkarton gelegt und durch die Öff- nung hindurch betastet.
**Mögliche Aufgabenstellungen:**
– Gegenstände nach einer Bild- oder Realvorlage ertasten,
– drei der Gegenstände benennen können,
– das Biotop nennen können, aus denen die Gegenstände stammen.
– Welcher Gegenstand gehört nicht dorthin?
– Beschreibt die Gegenstände.
– Malt oder knetet sie.

**Variante 1**

Die Schwierigkeit kann dadurch gesteigert werden, daß man ähnlich geformte Gegenstände verwendet (z.B. Kastanien, Steine, Kartoffeln etc.).

## ERFAHRUNG

Die Übung weckt durch ihren spielerischen Zugang die Neugierde der SchülerInnen.

## INHALT

Kennenlernübung über die Baum-Metapher

**Alter:** vor allem Sekundarstufe I

**Zeit:** 1 Stunde

**Übungstyp:** Gestaltung

**Schwierigkeitsgrad:** * *

**Material:** Zeichenbögen, Buntstifte oder Wachsmalkreiden

## VORBEMERKUNG

Es handelt sich um ein Kennenlernspiel, das in das Fach Biologie paßt und das auch für diejenigen neue Aspekte bietet, die sich schon länger kennen. Der Baum ist immer auch eine Metapher für die eigene Persönlichkeit. Auf diese Weise erhalten Sie und die SchülerInnen Gelegenheit, sich auf eine interessante Art kennzulernen. (Pflanzen eignen sich für diesen Zweck wesentlich besser als Tiere, da diese häufig schon mit menschlichen Eigenschaften besetzt sind, wie z.B. „listiger Fuchs" oder „dummer Esel".)

## ANLEITUNG

*Ich möchte euch ein Spiel vorschlagen, durch das wir uns besser kennenlernen können. Es heißt: Wie sähe ich als Baum aus? Stellt euch diesen Baum vor, indem ihr vielleicht einen Moment eure Augen schließt, um euch besser konzentrieren zu können. Dabei kommt es nicht so sehr darauf an, daß es einen solchen Baum auch tatsächlich gibt, sondern mehr, daß ihr spürt, daß er zu euch paßt. Wählt auch, in welcher Jahreszeit sich dieser Baum befindet. Nehmt euch jetzt ein Blatt Papier und Buntstifte (keine Filzschreiber) und malt diesen Baum.*

## AUSWERTUNG

**1.** Jedes Gruppenmitglied erläutert seinen eigenen Baum, und die anderen können Fragen dazu stellen (nicht ungefragt interpretieren!).

**2.** Ein Gruppenmitglied legt seinen Baum in die Mitte, und die anderen sagen, was sie sehen (nicht deuten!).

**3.** Jedes Kind malt sein Bild so, daß die anderen es nicht sehen können. Anschließend werden die Bilder von Ihnen eingesammelt, gemischt und einzeln in die Mitte gelegt. Die Gruppe stellt daraufhin begründete Vermutungen darüber an, von wem dieser Baum wohl gemalt wurde. Um die Spannung zu erhöhen und vorschnelles Raten zu verhindern, sollte der mutmaßliche Urheber erst nach erfolgter Begründung mitteilen, ob die Vermutung zutrifft.

**Variante 1**
Sie können statt Bäumen auch alle anderen Pflanzen zur Wahl stellen.

**Variante 2**
WIR ALS WALD
*Malt in Gruppen (zu dritt oder viert) ein Bild, auf dem unsere Klasse ein Wald ist und jeder einzelne ein Baum. Gibt es unterschiedliche Größen? Sind sie groß und starr oder dünn und biegsam? Werden einige Bäume von anderen überschattet? Überlegt auch, wie dicht die einzelnen Bäume beieinanderstehen.*

Wir empfehlen Ihnen, sich an dieser Aktion zu beteiligen, was nicht heißt, daß Sie sich an einer Kleingruppe beteiligen müssen. Vielmehr sollten Sie allein einen eigenen „Wald" malen, in dem Sie auch sich selbst darstellen.

## ANMERKUNG

Bei diesen Übungen überwiegt der persönlichkeitsbezogene bzw. gruppendynamische Aspekt. Die erste Variante dient mehr dem besseren Kennenlernen, die zweite Variante dagegen rückt mehr die Gruppenprozesse in den Vordergrund und sollte angewendet werden, wenn eine unklare oder von Cliquen bestimmte Gruppenatmosphäre das Arbeiten am Thema behindert. Im allgemeinen kommt es im Anschluß an diese Übung zu einer lebhaften Diskussion über die Gruppensituation und Möglichkeiten, diese zu verbessern. Die Befürchtung, daß etwaige Außenseiterpositionen öffentlich und damit belastend werden, greift insofern nicht, als sie auch unausgesprochen zum Tragen kommen, sich aber der Kommunizierbarkeit entziehen und ihre eigene Dynamik entwickeln. Das Offenlegen bietet eine Möglichkeit, diese Situation in der Gruppe wahrzunehmen und mitzuteilen, um gemeinsam auf die Suche nach Lösungsansätzen zu gehen.

## INHALT

Teile von Abbildungen „unmöglicher" Figuren werden ergänzt. In der anschließenden Diskussion wird die Fragwürdigkeit wissenschaftlichen Schließens von der Einzelerkenntnis auf das Ganze thematisiert.

**Alter:** Sekundarstufe II

**Zeit:** 1 Stunde

**Übungstyp:** Gestaltung

**Schwierigkeitsgrad:** * * *

**Material:**
    Literatur: B. ERNST: *Abenteuer mit unmöglichen Figuren*; Taco, 1987 (Säulen, S. 63, Stimmgabel, S. 74) A. SCHWEIGGERT: *Das endgültige Wolpertinger Handbuch*; Goldmann, 1988 (Fischgemsigeldackel, S. 24)
− Ausschnitte von „unmöglichen Figuren" oder „Wolpertingern"
− Zeichenbögen, Stifte

## VORBEMERKUNG

Aus dem Bedürfnis heraus, die Welt zu strukturieren und damit erklärbar zu machen, neigen wir dazu, Aspekte und Gesetzmäßigkeiten von Ausschnitten der Wirklichkeit auf das Ganze zu übertragen. Diese Herangehensweise spiegelt sich wider in Schule und Universität: Wir lernen eine Regel (Zeigerpflanzen, Blütendiagramme, ökologische oder evolutionäre Gesetzmäßigkeiten, Verhalten etc.), denken, daß wir etwas verstanden haben, gehen hinaus in die Natur, treffen auf die Ausnahme oder komplexere Zusammenhänge und sind verwirrt. Wir brauchen Erfahrung und vielfältige Kenntnisse, um uns ein inneres Bild von der Ganzheit machen zu können, das die Vielfalt ebenso zulassen kann wie die Abweichung von der Regel.

## ANLEITUNG

Kopieren Sie die Abbildungen auf Seite 94. Die Abbildungen werden zerschnitten und je ein Teilabschnitt an eine Zweiergruppe ausgeteilt. Die Aufgabe besteht darin, diesen Teil zu beschreiben und das Ganze (Tier) zu

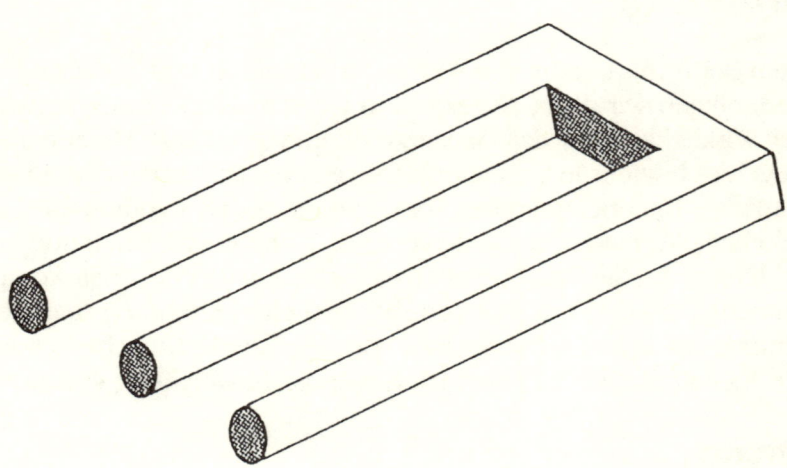

rekonstruieren. Entscheiden Sie an dieser Stelle, wann Sie die Gruppe mit der Lösung konfrontieren. Wir empfehlen, zuvor die erste Auswertungsfrage zu bearbeiten.

## AUSWERTUNG

**1.** Nach welchen Aspekten wurden die Abbildungen rekonstruiert (Proportion, räumliche Vorstellung, Oberflächenstruktur, Anknüpfung an Bekanntes etc.)?

**2.** Was bedeutet das Ergebnis für wissenschaftliches Arbeiten (exakte und generalisierende Induktion)? Welche Stärken und Schwächen dieses Verfahrens sind deutlich geworden?

**3.** Lassen sich die Erfahrungen aus diesem Experiment mit der Erforschung biologischer, z.B. ökologischer, Zusammenhänge in Beziehung setzen?

**4.** Wie geht es mir/uns jetzt?

## ERFAHRUNG

Diese Übung erfordert eine hohe Abstraktionsfähigkeit und eignet sich daher eher für Oberstufengruppen. Im Anschluß an diese Übung kommt es nicht selten zu einer lebhaften Diskussion über erkenntnistheoretische, d.h. eher philosophische Fragen und Probleme. Wir halten sie gerade deshalb für einen naturwissenschaftlichen Unterricht sehr geeignet und notwendig.

### Variante
Die einfache Rekonstruktion z. B. rezenter Tiere und Pflanzen im Zusammenhang mit der ersten Auswertungsfrage erfordert weniger Abstraktionsvermögen und kann bereits mit jüngeren SchülerInnen durchgeführt werden.

## INHALT

Die SchülerInnen ertasten gegenseitig einzelne Knochen und Gelenke.

**Alter:** Sekundarstufe I

**Zeit:** 30 Minuten

**Übungstyp:** Körperübung

**Schwierigkeitsgrad:** * *

**Material:** Modell eines menschlichen Skeletts

## VORBEMERKUNG

Die SchülerInnen können in dieser Übung außerdem lernen, Berührungen zuzulassen und behutsam mit einem Partner/einer Partnerin umzugehen.

## ANLEITUNG

*Zu der Zeit, als es noch keine Röntgengeräte gab, befühlten die Ärzte die Knochen durch Haut und Muskeln hindurch, um Hinweise auf mögliche Brüche zu erhalten. Manche Ärzte machen das bei einer ersten Untersuchung auch heute noch. Das werden auch wir jetzt einmal ausprobieren: Sucht euch dazu eine Partnerin/einen Partner und stellt euch einander gegenüber. Die/der Kleinere ist A, die/der Größere ist B. A untersucht zuerst B. Ertastet nun diejenigen Knochen, die ich euch nennen und an dem Skelett zeigen werde. Achtet aber darauf, daß ihr euch nicht wehtut. Dann wechselt die Rollen.*

## ERFAHRUNG

Für diese Übung eignen sich sämtliche Knochen der Hände, Arme und des Schultergürtels. Bei Vertrautheit in der Gruppe können die Schädel- und Kieferknochen hinzugenommen werden sowie Knie, Unterschenkel, Fußgelenke und auch Wirbelsäule.

In ängstlichen Gruppen kann es auch angebracht sein, das Experiment als Einzelübung durchzuführen. Möglich sind auch Dreiergruppen. Diese Übung macht den SchülerInnen nach anfänglicher Unsicherheit in der Regel viel Spaß. Lassen Sie den Prozeß so lange laufen, wie noch Interesse besteht weiterzumachen.

**Variante**
In einem zweiten Durchgang kann A bei B einen Knochen berühren, den B dann benennt, und umgekehrt.

## INHALT

Die Gelenke und ihre Beweglichkeit werden an den eigenen Händen und mit dem Arm eines Partners/einer Partnerin erkundet.

**Alter:** Sekundarstufe I

**Zeit:** 1 Stunde

**Übungstyp:** Körperwahrnehmung

**Schwierigkeitsgrad:** * *

**Material:** Modell eines menschlichen Skeletts

## VORBEMERKUNG

Diese Übung läßt sich gut an SKELETT ERFÜHLEN anschließen. Passive Bewegung von Gelenken entlastet die Muskeln und erweitert den Bewegungsspielraum.
Die Übung enthält daneben Aspekte von Selbsterfahrung:
– den eigenen Körper wahrnehmen,
– Kontakt und Berührung zulassen,
– Vertrauen entwickeln,
– behutsamen Umgang miteinander üben.

Es ist wünschenswert, daß Sie die Übungen einmal selbst mit einem Partner bzw. allein durchgespielt haben. Bei der Selbstmassage sollten Sie Ihre Anleitung durch eigenes Tun begleiten.

## ANLEITUNG (1. Schritt)

(Einstimmung: Es handelt sich dabei um eine Gelenkmassage der eigenen Hände.)
*Beginne am kleinen Finger der linken Hand und bewege mit Daumen und Zeigefinger der rechten Hand das oberste Fingerglied. Erkunde behutsam den Bewegungsspielraum. Gehe über zum zweiten Fingergelenk und bewege es vorsichtig mehrmals hin und her, ohne die Muskeln des Fingers anzuspannen. Gehe weiter zum dritten Gelenk, das den kleinen Finger mit der*

*Handfläche verbindet. Verfolge den Verlauf des zugehörigen Mittelhand-
knochens und überprüfe die Beweglichkeit zwischen Mittelhandknochen
und Handwurzelknochen. Gehe jetzt zum Ringfinger über. ...*
Auf diese Weise sollen alle Finger nacheinander erkundet werden, wobei
das Basisgelenk des Daumens sich von den anderen Fingergelenken in seiner Beweglichkeit unterscheidet (Sattelgelenk).
*Legt jetzt beide Hände auf die Oberschenkel. Spürt ihr einen Unterschied zwi-
schen der rechten und linken Hand?*

## ERFAHRUNG

Von vielen Personen wird eine Leichtigkeit in der massierten Hand wahrgenommen.

## ANLEITUNG  (2. Schritt)

*Das, was wir der linken Hand Gutes getan haben, soll die rechte Hand jetzt
auch bekommen...*
Sie leiten die Massage der anderen Hand entsprechend sorgfältig an.
Es werden werden Paare (A und B) gebildet. A „überläßt" B einen Arm, der
nun behutsam jedes einzelne Gelenk bewegt, von den Fingern beginnend
über Hand- und Ellenbogen- bis zum Schultergelenk. Wieder werden vorsichtig die Grenzen der Beweglichkeit erspürt. Bei ungerader SchülerIn-
nenzahl empfehlen wir Ihnen, sich an der Übung zu beteiligen. Nachdem
jedes Gelenk einzeln bewegt wurde, kann nun der Arm als Ganzes bewegt
und das Zusammenspiel der Gelenke erkundet werden. Dann bewegt A den
anderen Arm von B. Weisen Sie darauf hin, daß es sich hier auch um eine
Vertrauensübung handelt, da mir der andere seinen Arm anvertraut. A sollte B so behandeln, wie er auch behandelt werden möchte, wenn die Rollen im Anschluß getauscht werden.

## AUSWERTUNG

Zunächst sollten die Paare Gelegenheit zum Austausch erhalten unter fol-
genden Gesichtspunkten:
– Welche Rolle ist mir leichter gefallen?
– In welchen Gelenken und bei welchen Bewegungen haben die Aktiven
  Widerstände und Anspannungen wahrgenommen?
– Konnte ich wirklich meinen Arm loslassen oder habe ich aktiv „mitge-
  holfen"?

## AUSWERTUNG IM PLENUM

- Wie hat euch die Übung gefallen?
- Welche Bewegungsmöglichkeiten der verschiedenen Gelenke habt ihr festgestellt?

Gehen Sie anschließend zum Skelett-Modell über und lassen Sie die Bewegungen nachvollziehen und zum Gelenkbau in Beziehung setzen. An dieser Stelle können Sie auch die Knochen beim Namen nennen.

### Variante

Falls der Klasse die erste Übung Spaß gemacht hat, könnte die Beanspruchung von Muskelgruppen bei verschiedenen Tätigkeiten erfühlt werden. Zum Beispiel: Sägen, Feudeln, jemanden hochheben, Schreiben, Sitzen, Tasche tragen etc.

## ERFAHRUNG

Die Übung kann ein intensives Erleben ermöglichen und zu einer Verbesserung des Gruppenklimas beitragen.

## INHALT

Einseitige Belastungen des Skelett- und Muskelapparates durch Fehlhaltungen werden nachempfunden, beschrieben und unter verschiedenen Aspekten analysiert.

**Alter:** Sekundarstufe II

**Zeit:** 30 Minuten

**Übungstyp:** Körperwahrnehmung

**Schwierigkeitsgrad:** * * *

## VORBEMERKUNG

Voraussetzung für eine Durchführung der Übung in der Sekundarstufe I ist ein vertrauensvolles Gruppenklima, vor allem dann, wenn es in der Klasse tatsächlich SchülerInnen mit offensichtlichen Haltungsfehlern gibt. Auf der anderen Seite läßt sich anhand der Übung auch der Zusammenhang zwischen Fehlhaltungen und ungesunden Schulmöbeln demonstrieren. Möglicherweise könnte die Klasse auf Ihre Anregung hin beschließen, hin und wieder Massage- oder Bewegungsübungen in den Unterricht zu integrieren. Eine Thematisierung der emotionalen Aspekte bestimmter Körperhaltungen und ihre möglichen Ursachen erfordert Behutsamkeit und Erfahrung Ihrerseits und gehört ausschließlich in die Sekundarstufe II. Das Erkennen dieser Zusammenhänge kann für die SchülerInnen aber sehr aufschlußreich und ergiebig sein. Als Einstimmung und Sensibilisierung für diesen Bereich empfehlen wir die Übung KÖRPERSPRACHE. Vermeiden Sie Diagnosen. Lassen Sie die Betreffenden vielmehr die Zusammenhänge selbst erkennen und formulieren.

## ANLEITUNG

Die SchülerInnen sollen zuerst mögliche Fehlhaltungen (keine Verkrüppelungen oder Verletzungen!) bei Kindern und Erwachsenen nennen wie z.B. Rundrücken, hochgezogene Schultern, Flachrücken, Hohlkreuz, seitliche Krümmung. Die SchülerInnen sollen jetzt im Raum herumgehen und auf Ihre Anweisung hin alle die gleiche Haltung bewußt übertrieben darstellen.

Dabei gilt es, auf Atmung, Verspannungen und Bewegungsspielraum zu achten.

## AUSWERTUNG

Nach jedem Durchgang tauschen sich die SchülerInnen zu dritt oder zu viert über ihre Erfahrungen aus. Leitfragen können sein:
– Hatte ich Mühe, diese Haltung einzunehmen, oder kam sie mir vertraut vor?
– An welchen Stellen habe ich Anspannung gespürt?
– Drückte diese Haltung für mich eine bestimmte Stimmung aus?

Im Plenum können diese Fragen anschließend insgesamt noch einmal aufgegriffen werden mit zusätzlichen Aspekten wie organische und psychische Ursachen, mögliche Spätschäden, Zusammenhänge zwischen Fehlhaltung und Mobiliar sowie Möglichkeiten des Ausgleichs durch Entspannung, Massage, Yoga etc.

**Hinweis:** Es ist wichtig, in diesem Zusammenhang darauf hinzuweisen, daß mehr als die Hälfte der Bevölkerung unter mehr oder weniger deutlich sichtbaren Fehlhaltungen leidet.

## INHALT

Im folgenden Experiment sollen die Bedeutung von Sehen und Hören auf spielerische Art entdeckt werden.

**Alter:** Klassen 9 bis 13

**Zeit:** 1 Stunde

**Übungstyp:** Wahrnehmung in Paaren

**Schwierigkeitsgrad:** * *

**Material:** Augenbinden, Oropax, Watte

## VORBEMERKUNG

Wenn man Menschen fragt, ob sie eher auf das Sehen oder auf das Hören verzichten könnten, so wird das Sehen im allgemeinen für wichtiger gehalten. Dies mag für die Orientierung im Raum zutreffen, in ihren sozialen Kontakten jedoch sind Taubstumme weit stärker beeinträchtigt als Blinde. Außerdem kann Blindheit im Nahbereich besser durch Tasten und Hören kompensiert werden, als Taubstummheit durch den Gesichtssinn. (Vergleiche hierzu auch den BLINDENSPAZIERGANG.)

## ANLEITUNG

Zu Beginn sollen sich die SchülerInnen in Paaren zusammenfinden, die nicht miteinander befreundet sind. Die jüngeren sind A, die älteren B. Der Hälfte der älteren SchülerInnen werden die Augen verbunden, der anderen Hälfte werden die Ohren verstopft. Alle B stellen sich in einem weiten Kreis auf, alle A bewegen sich im Inneren des Kreises.

**Aufgaben** (für B)
1. *Sucht jetzt euren Partner und stellt euch ihm gegenüber.*
2. *Sammelt jetzt innerhalb der nächsten 3 Minuten möglichst viele Informationen über euren Partner.*
(Nur diese Informationen dürfen in der Schlußauswertung mitgeteilt werden. Eine Zwischenauswertung nach dieser ersten Runde findet nicht statt.

Im zweiten Durchgang werden die Rollen wie folgt getauscht: Alle A stellen sich in den Kreis. Die A, die zuvor einen „blinden" Partner hatten, verstopfen sich die Ohren, diejenigen mit einem „tauben" Partner verbinden sich die Augen.

## AUSWERTUNG

– Was habt ihr erlebt?
– Wie habt ihr euch orientiert bzw. wie habt ihr euren Partner gefunden?
– Welche Informationen habt ihr bekommen bzw. herausgefunden?
– Auf welchen Sinn könntet ihr am ehesten verzichten?

## WEITERFÜHRUNG

– Welche sind eurer Ansicht nach die Folgen, wenn Sehen und Hören über Stunden getrennt werden, wie z.B. beim Dauergebrauch eines Walkmans?
– Wie gefährden wir unsere Sehkraft und unser Gehör im Alltag?

## INHALT

Duftproben von Pflanzenteilen in einem Baumwollbeutel werden mit Hilfe von ausgehängten Sträußen nach ihrem Geruch bestimmt.

**Alter:** alle Altersstufen

**Zeit:** 30 Minuten

**Übungstyp:** Wahrnehmung

**Schwierigkeitsgrad:** *

**Material:**
– 3 (bis 5) Duftproben in je einem zugebundenen numerierten Baumwollbeutel
– 10 Sträuße von duftenden Pflanzenteilen mit Namenkärtchen (z.B. Pfefferminze, Salbei, Lavendel, Thymian, Waldmeister, Schnittlauch, Knoblauch, Gewürznelken, Rosenblätter, Liebstöckel, Kamille etc.)
– 10 Wäscheklammern
– je Schüler ein Zettel mit Bleistift

## VORBEREITUNG

Im Klassenzimmer oder besser an Holzgewächsen auf dem Schulhof werden die Sträuße mit den Namenkärtchen aufgehängt bzw. mit Wäscheklammern befestigt.

## ANLEITUNG

Im Klassenraum werden die Baumwollbeutel herumgereicht, so daß sich die SchülerInnen die verschiedenen Gerüche einprägen können. Anschließend sollen sie an den Sträußen schnuppern, sich die Gerüche einprägen und die Pflanzennamen aufschreiben. Die SchülerInnen dürfen zur Überprüfung jederzeit zu den Duftbeutelchen zurückgehen, diese aber nicht zu den Sträußen mitnehmen.

## ERFAHRUNG

Wir werden es nicht leicht finden, feine natürliche Duftnuancen mit Hilfe unseres Geruchssinns wahrzunehmen und für eine Zeitlang in unserem Gedächtnis zu speichern. Oft übergehen wir in unseren Städten diese Art der Sinneswahrnehmung, damit wir es in ihnen überhaupt noch aushalten können. In dieser Übung können wir erfahren, wie unser Geruchsgedächtnis funktioniert und wie verschieden wir Gerüche wahrnehmen, unterscheiden und beschreiben.

### Variante

Die Kinder sollen kleine Proben eßbarer Substanzen mitbringen, die dann mit geschlossenen Augen geruchlich und geschmacklich erkannt werden sollen. Zur Unterscheidung von Geruch und Geschmack können die Proben mit zugehaltener Nase probiert werden.

## INHALT

Vertrauensübung, bei der die Umgebung außer mit den Augen sinnlich erlebt wird.

**Alter:** alle Altersstufen

**Zeit:** 1 Stunde

**Übungstyp:** Wahrnehmungsübung in Paaren

**Schwierigkeitsgrad:** *

**Material:** Augenbinden

## VORBEMERKUNG

Der Blindenspaziergang ist eine verbreitete und beliebte Übung, weil er eine Vielzahl unterschiedlicher sinnlicher und zwischenmenschlicher Erfahrungen ermöglicht. Er wird in der Regel als Paarübung durchgeführt, wobei nicht gesprochen werden darf, um nicht vom Erleben abzulenken. Auf diese Weise wird
- die Bedeutung der anderen Sinne stärker erlebt (vgl. auch SEHEN UND HÖREN),
- die Umgebung ganz anders und oft neu wahrgenommen,
- das Vertrauen untereinander und damit die Gruppenkohäsion gestärkt,
- erfahrbar gemacht, wie leicht bzw. schwer es fällt, sich jemand anderem anzuvertrauen.

Weisen Sie die Gruppe darauf hin, daß es sich hier auch um eine Vertrauensübung handelt, bei der sich der „Blinde" dem „Sehenden" anvertraut. Die Übung erfordert daher Behutsamkeit. Es geht darum, dem „Blinden" vielseitige und angenehme Sinneseindrücke zu ermöglichen.

## ANLEITUNG

Die Grundstruktur dieser Übung kann vielfältig variiert werden:

**1.** Der Sehende führt den Blinden und ermöglicht ihm dabei viele verschiedene (angenehme) Sinneserfahrungen, indem sie ihm Gegenstände zum Betasten oder Beriechen anbietet.

**2.** Der Blinde erkundet eigenständig die Umgebung und der Sehende achtet lediglich darauf, daß keine Schäden entstehen.

**3.** Der Blinde wird an einen Baum oder einen Platz in der Natur geführt. Seine Aufgabe besteht nun darin, sich diese Stelle mit allen Sinnen einzuprägen und nachher mit unverbundenen Augen wiederzufinden. (Vgl. auch BAUMBEGEGNUNG.)

**4.** Der Leiter verbindet interessante Naturgegenstände mit einer Schnur, an der sich die SchülerInnen dann entlangtasten und die Gegenstände erfühlen können (nach CORNELL).

**5.** Auf einem Boden im Raum oder draußen werden verschiedene Materialien ausgelegt, z.B. ein T-Shirt, Gras, Folie, Plastikbeutel, Weißkohlblätter, Streichhölzer, Erbsen, Steine, Holz, Rinde. ... Der Sehende führt den „Blinden" über diesen „Vertrauenspfad".

## AUSWERTUNG

– Was habt ihr erlebt?
– Wie leicht war es, sich führen zu lassen bzw. zu führen?
– Was hat mir gut/nicht so gut gefallen?
– Habt ihr eine Veränderung eurer Wahrnehmung erfahren?

## INHALT

In unserem Übungsvorschlag geht es um wechselnde kurze Rollenübernahmen in Mimik, Gestik, Körperhaltung und Bewegung.

**Alter:** ab Klasse 9

**Zeit:** 1 Stunde

**Übungstyp:** Körperwahrnehmung

**Material:** Großer Raum ohne Gestühl

**Schwierigkeitsgrad:** * *

## VORBEMERKUNG

Die Grundstruktur der Übung stammt aus dem „warming up" der Theaterarbeit. Das freie Umhergehen im Raum ermöglicht aufeinanderfolgende kurze Sequenzen verschiedener Formen des Körperausdrucks als vorbereitende Einstimmung für intensivere Rollenarbeit. Achten Sie darauf, daß die unterschiedlichen Sequenzen lange genug dauern, um sich in die jeweilige Rolle einzufühlen. Wenn es die Gruppensituation erlaubt, dann lassen Sie nach einigen von Ihnen genannten Beispielen die Klasse eigene Vorschläge machen. Die Übung läßt sich gut in Verbindung mit dem Kursthema „Ethologie" durchführen oder als Vorbereitung bzw. Ergänzung zur Übung FEHLHALTUNGEN durchführen.

## ANLEITUNG

– *Geht zuerst völlig normal im Raum umher.*
– *Stellt euch vor, ihr befindet euch auf einer vornehmen Abendgesellschaft, auf der ihr niemanden kennt. Ihr geht herum und begrüßt euch höflich und etwas unsicher.*
– *Bewegt euch jetzt wie Cowboys bzw. Rocker in einem Saloon, wo ihr jedem imponieren wollt.*
– *Nehmt jetzt eine Haltung wie die Monroe bzw. Madonna ein, geht durch den Raum und werft euch kokette Blicke zu.*
– *Jetzt seid ihr ganz ängstlich und unsicher.*

*– Jetzt verhaltet euch ganz „cool" und überheblich und taxiert jeden abschätzig von oben bis unten.*
*– Die Jungen sind jetzt Kavaliere und verhalten sich den Mädchen gegenüber ausgesucht höflich und zuvorkommend. Die Mädchen reagieren höflich zurückhaltend.*
– Entsprechend lassen sich auch Sitzhaltungen darstellen: z.B. gelassen, provozierend, schüchtern, typisch männlich oder typisch weiblich.
– Wenn Sie wollen, können Sie auch Halbgruppen bilden, wobei die eine Hälfte die Körpersprache beobachtet, während die andere spielt.

## AUSWERTUNG

– Welche Rolle hat dir am meisten Spaß gemacht?
– Welche war für dich am ungewohntesten?
– Welches sind die entscheidenden Signale, die mit jeder Rolle zusammenhängen? (Mimik, Gestik, Haltungen von Kopf, Oberkörper, Armen und Beinen)

**Variante 1**
Alternativ können Sie die verschiedenen Ausdrucksweisen auch in Form „lebender Bilder" nachstellen lassen. Bei dieser bewährten und vielseitig einsetzbaren Methode aus der Theaterpädagogik gibt es ein „Modell" und ein bis zwei „Bildhauer". Die „Modelle" verhalten sich passiv und lassen sich von den „Bildhauern" in eine Haltung „modellieren".

**Variante 2**
Sie können die SchülerInnen auch Haltungen von Frauen/Mädchen und Männern/Jungen aus (Jugend-)Zeitschriften (evtl. gegengeschlechtlich) nachstellen und etwaigen Unnatürlichkeiten nachspüren lassen.

**Variante 3**
Im Anschluß lassen sich z.B. Rollenspiele aus dem Lebenszusammenhang der Jugendlichen in Szene setzen – wie z.B. Discobesuch, Außenseitersituation – und auf ihre Körpersprache hin untersuchen.

**Variante 4**
Wenn es Gruppensituation und Spielfreude zulassen, können Sie die SchülerInnen auffordern, eine Rolle zu übernehmen, die ihnen sehr fremd ist.

(nach einer Anregung von R. NAUPERT)

## INHALT

Rolle und Funktion des Ziliarmuskels bei der Akkommodation werden in einem Gruppenspiel demonstriert und nachvollzogen.

**Alter:** alle Altersstufen

**Zeit:** 15 Minuten

**Übungstyp:** Großgruppenaktion

**Schwierigkeitsgrad:** *

**Material:** Folgende Rollenkarten:

**Linsenspieler** (mindestens 4): Du stellt dich mit den anderen Linsenspielern im Kreis auf. Ihr faßt euch an den Händen. Euer Bestreben ist es, einen möglichst kleinen Kreisumfang zu haben. Ihr habt in diesem entspannten Zustand nahezu die Form einer Kugel. Ihre Dicke könnt ihr darstellen, indem ihr eure Arme in die Höhe reckt.

**Ziliarmuskelspieler** (ca. 8): Du stellst dich mit den anderen Ziliarmuskelspielern im Kreis um die Linsenspieler auf. Ihr faßt euch an den Händen. Im angespannten Zustand zieht ihr euch zusammen, d.h. der Kreisumfang wird geringer. Im entspannten Zustand laßt ihr die Arme locker.

**Zonulafaserspieler** (mindestens 4): Du stellst dich zwischen Innen- und Außenkreis und verbindest sie mit deinen ausgebreiteten Armen. Ansonsten verhältst du dich passiv.

**Bindegewebsfaserspieler** (übrige SchülerInnen): Du dienst als Aufhängung für den Ziliarmuskel im Augapfel. Wenn der Ziliarmuskel sich entspannt, ziehst du ihn mit den anderen Bindegewebsfaserspielern auseinander.

## VORBEMERKUNG

Dieses Spiel ermöglicht den SchülerInnen ein Verstehen des scheinbaren Widerspruchs, daß das Anspannen des Ziliarmuskels zu einer Entspannung der Linse führt, ebenso wie das Weiterwerden des Ziliarmuskels bei Entspannung durch den Antagonismus mit dem Augapfel. Die Klasse sollte bereits wissen, daß Muskeln im angespannten Zustand stets verkürzt sind. Ferner wäre es wünschenswert, daß die Klasse den Zusammenhang kennt zwischen Dicke der Linse und Entfernung des Brennpunktes (Bereich scharfen Sehens). Wählen Sie die Anzahl der Kinder im Außen- und Innenkreis so, daß Anspannung und Entspannung des Innenkreises deutlich werden.

## ANLEITUNG

Die SchülerInnen ziehen ihre Rollenkarten und nehmen ihre Plätze ein. Als LeiterIn können Sie Regie führen oder aber die Klasse sich selbst organisieren lassen. Zuerst soll sich der Ziliarmuskel zusammenziehen, danach entspannen. Lassen Sie diesen Vorgang einige Male wiederholen.

## AUSWERTUNG

– Was habt ihr beobachtet?
– Wie funktioniert das System?
– Was geschieht jeweils mit der Linse?
– Welcher Zustand des Systems ist am wenigsten anstrengend bzw. verbraucht am wenigsten Energie?

## INHALT

Spiele wie Quartett, Memory und Domino werden mit selbstgefertigten Karten gespielt, die Tiere oder Pflanzen als Abbildungen bzw. mit ihrem Namen oder Steckbrief enthalten.

**Alter:** Sekundarstufe I

**Zeit:** Vorbereitung: 2 Stunden, Spieldurchgang: 10–20 Minuten

**Übungstyp:** Gestaltung, Spiele in Kleingruppen

**Material:**
- Alte Kartenspiele zum Bekleben oder Karteikarten DIN A 7
- Abbildungen von Pflanzen und Tieren aus Zeitschriften und Büchern als Kopiervorlagen
- Kleber, Scheren, Buntstifte

**Schwierigkeitsgrad:** *

## VORBEMERKUNG

Kartenspiele mit Abbildungen, Namen und Eigenschaften von Organismen sind Lernspiele. Wenn mit Freude gespielt wird, prägen sich die enthaltenen Informationen gut ein, da die SpielerInnen sie oft nennen müssen, um im Spiel voranzukommen. Wenn der Inhalt jedoch zu schwer ist, leidet die Spiellust, und das „spielerische" Lernen wird behindert. Wenn die Gruppe ihre Spiele selbst anfertigt, verankert sich das Wissen bereits beim Durchlesen, Auswählen, Beurteilen und Gestalten der Informationen. Diese Spiele eignen sich besonders gut, wenn es um die verschiedenen Organismen eines Lebensraums geht. Die selbstgefertigten Spiele können anschließend in den Spielevorrat der Klasse übernommen werden, so daß die SchülerInnen jederzeit – in Phasen offenen Unterrichts, in Frei- oder Vertretungsstunden – damit spielen und ihr Wissen auffrischen können.

## ANLEITUNG

**Memory:** In Kleingruppen zu 4 bis 5 Personen werden z.B. Namen, Steckbriefe oder Abbildungen von Tieren und Pflanzen auf getrennte Karten geklebt oder geschrieben. (Weitere Beispiele: Pflanzenfamilie und Blütenabbildung; Blatt bzw. Frucht und Blüte; Blüte und Blütenbesucher; Pflanze und Parasit.) Ab 12 Kartenpaaren kann das Spiel beginnen: Alle Karten werden gemischt und verdeckt auf dem Tisch ausgelegt. Wer an der Reihe ist, deckt zwei Karten auf. Gehören die beiden Karten zusammen, z.B. Löwenzahn als Name oder Abbildung mit der Beschreibung (grob gezähnte Blätter, Blattrosette, leuchtend gelbe Körbchenblüte), so können diese beiden Karten abgelegt werden. Derselbe Spieler darf dann zwei weitere Karten aufdecken. Passen die Karten nicht zusammen, werden sie wieder verdeckt zurückgelegt, und der nächste Spieler darf sein Glück versuchen. Gewonnen hat, wer die meisten Paare richtig zugeordnet hat. In einer zweiten Spielrunde können die Karten zwischen den Kleingruppen ausgetauscht werden.

**Variante:** Bei jedem Kartenpaar sind Vorder- und Rückseite identisch. Von der einen Hälfte werden nur die Vorderseite, von der anderen nur die Rückseiten aufgedeckt. Es gilt, die passenden Paare auszuwählen. Die Rückseiten dienen dann als Kontrolle.

**Quartett:** Leistungsvergleiche von Pflanzen oder Tieren (Keimdauer, Wuchshöhe, Samen pro Frucht, Geschwindigkeit, Größe, Sprunghöhe etc.) werden zusammengetragen. Es wird zu zweit oder dritt gespielt. Als Grundlage der Quartette können z.B. gemeinsame Biotope oder auch systematische Aspekte dienen. Nun kann entweder ein regelrechtes Quartett gespielt werden oder, was beliebter ist, die Karten werden zu Leistungsvergleichen herangezogen: Spieler A liest einen der Werte vor. Ist der Wert höher als auf der „gegnerischen" Karte, so übernimmt A beide Karten in seinen Stapel und darf weiterfragen. Ansonsten bekommt B beide Karten und ist am Zug.

**Domino:** Die Karten werden in zwei Hälften unterteilt. Auf die eine Hälfte schreibt man z.B. einen Tier- oder Pflanzennamen, auf die andere klebt man die Abbildung einer anderen Tier- oder Pflanzenart, die mit dieser vielleicht in einer Freßbeziehung steht. Die Abbildung zum ersten Namen erscheint dann auf einer anderen Karte, wiederum verknüpft mit dem Namen einer anderen Art und so fort. Auf diese Weise werden mindestens 30 Karten erstellt, mit denen dann Domino gespielt werden kann.

**Bingo:** 10 Karten werden mit 3 x 3 oder 4 x 4 Quadraten versehen. Die Kästchen enthalten die Namen von Organismen in unterschiedlicher Kombination. Der Spielleiter hat einen Stapel mit entsprechenden Bildkärtchen. Der Spielleiter zieht eine Abbildung und zeigt sie. Wer den richtigen Namen nennt und auch auf seiner Spielkarte hat, darf dieses Feld abdecken. Wer zuerst alle Felder abgedeckt hat, gewinnt. Begeht ein Spieler einen Fehler, z.B. indem er einen falschen Namen nennt, muß er eine Bildkarte seiner Wahl wieder abgeben.

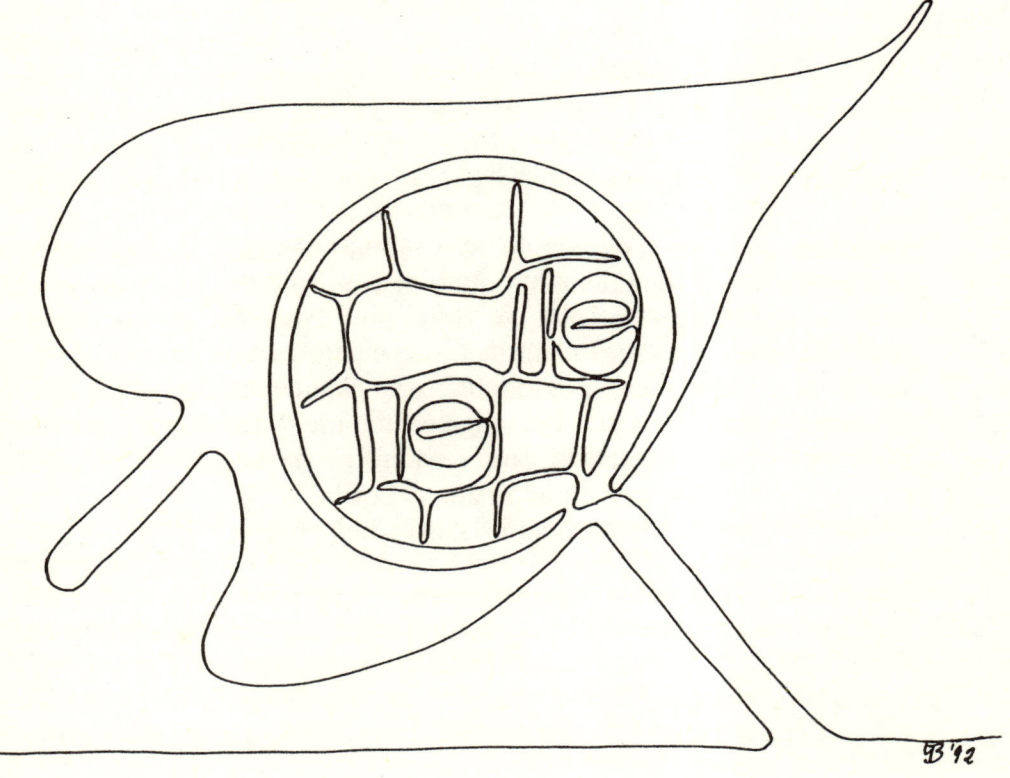

Jedoch, wie schwer ist es, das Zeichen nicht an die Stelle der Sache zu setzen, das Wesen immer lebendig vor sich zu haben und es nicht durch das Wort zu töten. Dabei sind wir in den neuern Zeiten in eine noch größere Gefahr geraten, indem wir aus allem Erkenn- und Wißbaren Ausdrücke und Terminologien herübergenommen haben, um unsere Anschauungen der einfacheren Natur auszudrücken. Astronomie, Kosmologie, Geologie, Naturgeschichte, ja Religion und Mystik werden zu Hilfe gerufen; und wie oft wird nicht das Allgemeine durch ein Besonderes, das Elementare durch ein Abgeleitetes mehr zugedeckt und verdunkelt als aufgehellt und nähergebracht.
(J.W. Goethe: Zur Farbenlehre)

## INHALT

Die ersten Zellteilungsstadien und Phasen der Embryonalentwicklung werden von den SchülerInnen in ihrer Abfolge dargestellt.

**Alter:** ab Klasse 9

**Zeit:** 45 Minuten

**Übungstyp:** Bewegungsübung mit der Großgruppe

**Schwierigkeitsgrad:** * *

## VORBEMERKUNG

Die ideale Gruppengröße für dieses Spiel beträgt 2n Personen (8, 16, 32). Die Übung erlaubt die rekapitulierende Darstellung der ersten embryonalen Entwicklungsstadien bis zur Gastrula. Es sollte eventuell darauf hingewiesen werden, daß es sich bei den Gruppenbildern um die zweidimensionale Darstellung einer dreidimensionalen Struktur handelt. Dazu ist es günstig, entsprechende Modelle bzw. Abbildungen bereitzuhalten. Anhand der dargestellten Gastrula lassen sich je nach Anspruchsniveau Begriffe wie Urmund, Neumund, Urdarm, Keimblätter etc. erläutern. Ferner kann darauf hingewiesen werden, daß während der ersten Teilungsstadien zwar die Zellzahl, mangels Ernährung aber nicht das Volumen zunimmt. Es ist günstig, diese Übung mehrmals mit zunehmendem Tempo zu spielen.

## ANLEITUNG

(bei 16 SchülerInnen)

### 1. Darstellung einer befruchteten Eizelle
8 Gruppenmitglieder fassen sich an den Händen und bilden einen Kreis (Zellwand) um die anderen 8 (Cytoplasma).

### 2. Teilung zum Zweizellstadium
Auf ein Zeichen hin bilden sich zwei Achtergruppen (vier umgeben vier). Die beiden „Zellwände" haften aneinander. Dies gilt auch für alle folgenden Teilungsstadien.

### 3. Teilung zum Vierzellstadium
Es bilden sich Vierergruppen (zwei umgeben zwei).

### 4. Teilung zum Achtzellstadium
Es bilden sich Paare, die sich an den Händen fassen.

### 5. Entstehung der Morula
Die Paare lassen sich los; jetzt ist jeder eine eigene Zelle.

### 6. Entstehung der Blastula
Alle bilden einen großen Kreis und fassen sich an den Händen.

### 7. Bildung einer Gastrula durch Gastrulation
Der Leiter/die Leiterin nennt eine Person im Kreis, bei der die Einstülpung beginnen soll.

## ERFAHRUNG

Bei geübteren Gruppen ist es auch möglich, den Ablauf mit gelegentlichen Einhilfen eigenständig entwickeln und ablaufen zu lassen.

### Variante
Es könnte zu Beginn auch nur die Eizelle dargestellt werden (8 Personen im Kreis und 7 in der Mitte), während ein Gruppenmitglied das Spermium spielt, das in die Eizelle eindringt. Danach könnte die „Zellwand" enger zusammenrücken, um zu demonstrieren, daß jetzt kein weiteres Spermium einzudringen vermag. Evtl. könnten auch mehrere Spermien vorhanden sein, von denen dann nur das erste eindringen kann.

## INHALT

In einer Spielaktion wird die Summenformel der Photosynthese mit SchülerInnen nachgestellt.

**Alter:** Sekundarstufe II

**Zeit:** 1 Stunde

**Übungstyp:** Spielaktion (mindestens 9 Personen)

**Schwierigkeitsgrad:** * *

**Material:** Kärtchen

## VORBEMERKUNG

Während auf dem Papier Schwierigkeiten bei der Formulierung chemischer Reaktionen überspielt werden können, werden diese im Rahmen einer Spielaktion unübersehbar. Darüber hinaus ist es für viele SchülerInnen eine Hilfe, wenn sie diese eher abstrakten Vorgänge im wahrsten Sinne des Wortes „begreifen" können. So läßt sich auch die Grundgleichung:
$$6\ CO_2 + 12\ H_2O \rightarrow C_6H_{12}O_6 + 6\ H_2O + 6\ O_2$$ „in Bewegung setzen".
Eine Vorkenntnis über die Bindigkeiten der vorkommenden Elemente ist zwar eine hilfreiche Ergänzung, aber keinesfalls Bedingung.

## VORBEREITUNG

Um die Zahl der Akteure überschaubar zu halten, empfiehlt es sich, die Grundgleichung durch 6 zu dividieren:
Anhand der Gleichung: $CO_2 + 2\ H_2O \rightarrow CH_2O + H_2O + O_2$ lassen sich alle wesentlichen Aspekte der Photosynthesereaktion darstellen. Das $CH_2O$ kann dabei als Grundbaustein aller Kohlenhydrate angesehen werden. Auf diese Weise werden nur noch 9 Spieler benötigt: 4 Wasserstoffatome, 3 Sauerstoffatome sowie 1 Kohlenstoffatom. Bei geeigneter Gruppengröße können auch mehrere Kleingruppen gleichzeitig spielen.

## ANLEITUNG

Die SpielerInnen werden gekennzeichnet (mit umgehängten Kärtchen oder verschiedenfarbigen Papiermützen). Zunächst sollen sich die einzelnen „Atome" zu den Ausgangsverbindungen zusammenfinden. Die Aufgabe besteht nun darin, alle Reaktionswege durchzuspielen, die zu dem genannten Ergebnis führen können. (Es sind zwei!)

## ERFAHRUNG

Während des Spiels taucht automatisch die Frage auf, woher eigentlich der freiwerdende Sauerstoff stammt. Die SchülerInnen können dann Vorgehensweisen vorschlagen, wie sich diese Frage experimentell klären ließe, z.B. durch Markierung der verschiedenen Sauerstoffatome.

### Variante

Es wird auch die Rolle eines Lichtquants besetzt, verbunden mit der Frage, worin wohl seine Aufgabe besteht.

Die SchülerInnen werden die Frage diskutieren, welche Bindung vermutlich gespalten wird. SchülerInnen mit chemischen Vorkenntnissen werden dabei dem Wasser den Vorzug geben.

## WEITERFÜHRUNG

Ähnlich könnten auch Buchabbildungen zur Licht- und Dunkelreaktion „in Bewegung gesetzt" werden.

## INHALT

SchülerInnen übernehmen die Rollen von Eiweißbausteinen und spielen Transskription und Translation nach.

**Alter:** Sekundarstufe II

**Zeit:** 1 Stunde

**Übungstyp:** Spielaktion (mindestens 12 Personen)

**Schwierigkeitsgrad:** * * *

**Material:** Leere Kärtchen und Kärtchen mit Symbolen für Nucleotide, Transscriptase und t-RNA

## VORBEREITUNG

Es muß eine ausreichende Anzahl Symbolkarten angefertigt werden.

## VORBEMERKUNG

Vor allem bei dynamischen Stoffwechselvorgängen, die in den einschlägigen Lehrbüchern mehr modellartig mit Hilfe von Symbolen vermittelt werden, bieten sich ergänzende Spielaktionen an. Durch sie erreicht man oft gerade diejenigen Schüler, denen ein rein abstrakter Zugang schwerfällt. Zudem wird durch Agieren der Prozeßcharakter von Stoffwechselvorgängen verdeutlicht. Nachdem der Bau eines Nucleotids im vorhergehenden Unterricht geklärt wurde, kann der wichtige Vorgang der Proteinbiosynthese auf verschiedenen Schwierigkeitsstufen nachgespielt werden. Zu diesem Zweck ist es sinnvoll, ein Schema der Proteinbiosynthese sowie eine Tabelle mit dem genetischen Code auszulegen oder zu projizieren.

## ANLEITUNG

Jedes Nucleotid wird durch eine Person dargestellt. Die entsprechende organische Base wird durch ein Schild oder Symbol gut sichtbar an den Spielern angebracht. Als eine weitere Rolle sollte das Enzym Transscriptase besetzt werden. Ribosomen und die Kernmembran können durch Bodenmarkierungen bzw. Stühle dargestellt werden.

In einem ersten Durchgang sollten Sie selbst die Regieanweisungen geben. In den folgenden Durchgängen können SchülerInnen diese Aufgabe übernehmen und schließlich ganz ohne Regie spielen.

## 1. Schritt: Verdopplung der DNA

Zu diesem Zweck bilden die SpielerInnen zunächst mindestens ein Triplett der DNA nach. Dabei reichen sich die komplementären Nucleotide jeweils eine Hand, während die DNA-Stränge dadurch gebildet werden, daß die Nucleotide hintereinanderstehen und die freien Hände auf die Schulter des Vordermanns legen (Abb. als Aufsicht beifügen). Dann teilt das Enzym Transscriptase den Doppelstrang, und andere bereitstehende Nucleotide lagern sich an, so daß zwei identische Doppelstränge entstehen. Sind nicht genug SchülerInnen vorhanden, so können die Nucleotide des einen DNA-Strangs kurz im Raum umherwandern, um sich dann wieder anzulagern. Die Länge des DNA-Stranges hängt natürlich von der Gruppengröße ab. Ggf. kann noch die Hilfe paralleler Kurse oder anderer Gruppen in Anspruch genommen werden.

## 2. Schritt: Proteinbiosynthese

Nach der Verdopplung der DNA kann dann das etwas umfangreichere Unternehmen der Proteinbiosynthese in Angriff genommen werden:

Zu Beginn des Spiels müssen zunächst die räumlichen Verhältnisse geklärt werden (Zellkern, Ribosom). Zunächst erfolgt die Transskription nach dem Vorbild der DNA-Verdopplung mit mindestens zwei Tripletts, nur daß statt dessen ein komplementärer m-RNA-Strang gebildet wird. Dieser wandert anschließend durch eine Kernpore hindurch in das Cytoplasma zu einem oder mehreren Ribosomen. (Dies kann z.B. durch drei nebeneinanderstehende Stühle symbolisiert werden, auf denen die SpielerInnen eines Tripletts zwecks Translation Platz nehmen können.) Jetzt werden noch die entsprechenden t-RNA's benötigt. (Sie können von der ehemaligen DNA gespielt werden.) Jede t-RNA wird von zwei Personen dargestellt. (Das restliche t-RNA-Molekül kann der Einfachheit halber unterschlagen werden.) Die eine Person spielt das Erkennungstriplett; sie liest das (sitzende) Codon der m-RNA ab und trägt das Anticodon in ihre Anticodonkarte ein.

Die andere Person spielt die sich anheftende Aminosäure; sie kennzeichnet sich anschließend mit dem Aminosäuresymbol, das dem Anticodon entspricht. Nachdem sich die t-RNA's im Bereich der Ribosomen an die m-RNA angekoppelt haben, steht das erste m-RNA-Triplett von den Stühlen auf und macht dem zweiten Platz. Nachdem der Vorgang wiederholt wurde, verbinden sich die beiden Aminosäuren untereinander, indem sie sich die Hände reichen. Das Dipeptid ist fertig.

122

Der Spielvorgang sollte (nur solange noch Energie in der Gruppe vorhanden ist) einige Male wiederholt werden, wobei jeweils die Rollen auszutauschen sind.

## ERFAHRUNG

Das Spiel erfordert von Anfang an Konzentration und Übersicht seitens der Gruppe. Nach einer anfänglichen Verwirrung entsteht häufig der Ehrgeiz, es ohne Regieanweisungen allein schaffen zu können.

### Variante

Anhand dieses Spiels lassen sich auch die Folgen von Gen-, Punkt- und Schubmutationen zeigen.

(Nach einer Anregung von W. FECHNER)

## INHALT

Die Vorgänge bei der Mitose werden in einer Spielaktion nachvollzogen.

**Alter:** ab Klasse 10

**Zeit:** 1 Stunde

**Übungstyp:** Spielaktion (mindestens 10 Personen)

**Schwierigkeitsgrad:** * *

**Material:** Mehrere längere Wollfäden

## VORBEMERKUNG

Voraussetzung ist eine theoretische Behandlung der Mitose. Daneben empfiehlt sich zumindest während des ersten Durchgangs eine das Spiel begleitende OH-Projektion der verschiedenen Zellteilungsphasen.

## VORBEREITUNG

Für das Spiel sind folgende Rollen erforderlich:

**Ein bis drei homologe Chromosomenpaare:** Diese können entweder durch Los ermittelt oder vom Leiter bestimmt werden. Eine reizvolle Möglichkeit ist auch die Zuordnung nach äußerlichen Ähnlichkeiten (gleiche Kleidung, Handform, Augenfarbe, Größe, Haarfarbe etc.). Denken sie daran, daß jedes homologe Chromosomenpaar von vier Personen (Chromatiden) dargestellt wird. Am besten werden gleich zu Beginn Vierergruppen gebildet.

**Zwei Teilungskörperchen:** Jedes Teilungskörperchen (Diplosom) erhält eine Anzahl Bindfäden (entsprechend der Anzahl der Chromosomen), die den späteren Spindelapparat darstellen sollen.

**Kernmembran:** Diese wird gebildet, indem die verbliebenen SchülerInnen einen Kreis bilden oder Stühle im Kreis aufgestellt werden. Nach Auflösung der Kernmembran im Verlauf der Metaphase können die betreffenden SpielerInnen entweder die beiden neuen Kernmembranen oder die trennende Zellmembran zwischen den Tochterkernen darstellen. Im letzten Fall muß jedoch der Rollenwechsel deutlich gemacht werden.

Außerdem müssen im Raum die anatomischen Verhältnisse geklärt werden: So können z.B. die Wände des Klassenzimmers die Zellmembran bilden. Zwischen ihr und der dargestellten Kernmembran befindet sich folglich das Cytoplasma.

## ANLEITUNG

(bei 4 Chromosomen, entsprechend 2 homologen Chromosomen)

Zu Beginn des Spiels befinden sich innerhalb der Kernmembran vier einzelne Chromatinfäden, die noch eng miteinander verschlungen sind. Außerhalb der Kernmembran im Cytoplasma steht zunächst nur ein Teilungskörperchen. Es folgt nun die Entspiralisierung (und Verdichtung) des Chromatins. Die Verdopplung der Chromatiden zu Chromosomen erfolgt, indem die übrigen vier Chromosomendarsteller in den Kern gehen und ihren jeweiligen Partner an die Hand nehmen (Hand = Zentromer). Entsprechend wird die Verdopplung des Teilungskörperchens dargestellt.

Im nächsten Schritt wandern die Diplosomen zu den Zellpolen; anschließend löst sich die Kernmembran auf. Nun erfolgt die Anordnung in der Äquatorialebene. In der nächsten Phase werfen die beiden Diplosomenspieler ihre Spindelfäden aus (pro Zentromer einen Faden). Befinden sich die Fäden jedes Diplosoms in den Zentromeren (Händen) der Chromosomen, ziehen die Diplosomenspieler an ihren Fäden, die Zentromere teilen sich (die Hände werden losgelassen), und die Chromatiden wandern zu den Zellpolen. Dort werden sie von einer neuen Kernmembran umgeben (s.o.).

Lassen Sie den Vorgang mehrmals mit wechselnden Rollen wiederholen.

## INHALT

Die Vorgänge der Meiose werden in einer Spielaktion nachvollzogen und mit der Mitose verglichen.

**Alter:** ab Klasse 9

**Zeit:** 1 Stunde

**Übungstyp:** Spielaktion (mindestens 10 Personen)

**Schwierigkeitsgrad:** * *

**Material:** Verschiedenfarbiger Karton

## VORBEREITUNG

Wie MITOSE

## VORBEMERKUNG

Die Vorgänge der Meiose sollten den SchülerInnen bekannt sein.
Es ist sinnvoll, zuvor noch einmal die Mitose zu spielen, wobei die Chromosomen bei beiden Teilungsvorgängen von denselben Spielern dargestellt werden. Die offensichtlichen Unterschiede zu jedem Zeitpunkt des Teilungsvorgangs werden so für alle (besonders die Chromosomendarsteller) deutlicher.
Zur besseren Übersicht sollten bei dieser Aktion die einzelnen Chromatiden der homologen Chromosomen mit gleichfarbigen Kappen oder Symbolen gekennzeichnet werden.

## ANLEITUNG

(Siehe auch MITOSE.)
**1. Reifeteilung:** Das besondere Augenmerk der Spieler ist auf die veränderte Anordnung der homologen Chromosomen in der Äquatorialebene zu richten und auf die Tatsache, daß hier noch keine Teilung der Zentromere erfolgt! Sind die Chromosomen an den Zellpolen angelangt, empfiehlt sich eine kurze Auswertung des Vorgangs:

– Worin besteht der Unterschied zur Mitose bis zu diesem Zeitpunkt?
– Haben wir es noch mit doppelten Chromosomensätzen (2n) zu tun?
– Auf welche Weise genau wurde das veränderte Ergebnis erreicht?

**2. Reifeteilung:** Die anschließende 2. Reifeteilung sollte zur Verdeutlichung möglichst mit beiden Tochterzellen fortgesetzt werden. Für diesen Fall ist die Besetzung zweier neuer Diplosomen erforderlich. In kleinen Gruppen kann aber auch lediglich mit einer Tochterzelle weitergearbeitet werden. Nach erfolgten Teilungen sollte sich eine zusammenfassende Betrachtung der Teilungsergebnisse von Mitose und Meiose anschließen.

**Variante**
Um den entwicklungsbiologischen Sinn der Meiose zu verdeutlichen, kann ergänzend die Vereinigung von zwei haploiden Geschlechtszellen zu einer diploiden Zygote demonstriert werden.

## INHALT

Es soll verdeutlicht werden, daß es sich um eine begrenzte Zahl von C-Atomen handelt, die seit Entstehung der Welt die unterschiedlichsten Materialisationen zu Belebtem und Unbelebtem durchlaufen hat.

**Alter:** Sekundarstufe II

**Zeit:** 30 Minuten

**Übungstyp:** Phantasiereise oder Kreisgeschichte

**Schwierigkeitsgrad:** * * *

## VORBEMERKUNG

Würde ein beliebiges C-Atom aus unserem Körper erzählen können, so könnte es von der Entstehung des Universums berichten. Verfolgt man die Geschichte dieses C-Atoms, so stößt man auf Stoffwechselvorgänge, Nahrungsketten, Assimilation, Atmung, Verbrennung und Wachstum. Diese Kreisläufe von C-Atomen in der belebten und unbelebten Natur lassen sich in Form einer gelenkten Phantasie, einer Kreisgeschichte oder eines Schreibgesprächs bearbeiten.

## ANLEITUNG

**Kreisgeschichte:** (zur Wiederholung geeignet)
Ein Schüler (evtl. auch der Lehrer) fängt an zu erzählen, z.B. wie folgt: „Ich bin ein Kohlenstoffatom in der Leber (oder im Muskel) eines Menschen. Um mich herum befinden sich weitere Kohlenstoff-, Wasserstoff- und Sauerstoff-Atome, mit denen ich mich sehr verbunden fühle, denn wir alle zusammen bilden ein Glycogenmolekül, und ich möchte euch erzählen, wie ich dorthin gelangt bin: ..."

Je nach Altersstufe und Komplexität des behandelten Themas kann jetzt erzählt werden wie z.B. das C-Atom als Bestandteil von Traubenzucker in Stärke verwandelt wurde, wie es davor im Blut gelöst aus dem Darmbereich herantransportiert wurde; wie es als Bestandteil von Fett gegessen, durch den Darm geschleust und verdaut wurde. Wie es vor langer Zeit einmal von einem Dinosaurier als $CO_2$ ausgeatmet wurde, lange in der Atmosphäre herumschwebte, schließlich von einem Farnbaum aufgenommen wurde und dann Jahrtausende unter der Erde als Steinkohle zugebracht hat, bis Menschen es ans Tageslicht förderten, im Ofen verbrannten und so fort...

**Gelenkte Phantasie:** (zur Wiederholung und Einführung)
Die gleiche Geschichte können Sie auch als gelenkte Phantasie erzählen, wobei Sie sich zuvor über folgendes klar werden müssen:
**1.** Sollen sich die SchülerInnen mit dem handelnden Teilchen (in diesem Fall mit dem Kohlenstoff) identifizieren oder als Außenstehende den Prozeß verfolgen?
**2.** Soll die gelenkte Phantasie auch im eigenen Körper der Schüler spielen oder nicht?
Die jeweils erstgenannten Varianten erfordern eine größere Vertrautheit der Gruppe und des Lehrers/der Lehrerin im Umgang mit Phantasieübungen, führen in aller Regel aber zu einem intensiveren Erleben. Für die jeweils letztgenannten Varianten hier ein Beispiel:

**Kurze Körperentspannung.** *Stell dir vor, du besitzt einen mikroskopischen Blick mit unbegrenzter Vergrößerungsfähigkeit. ... Er erlaubt dir, auch von außen in jedes Lebewesen zu blicken, als wäre es aus Glas. ... Probiere diese Fähigkeit zunächst einmal aus, indem du dir irgend etwas ansiehst, auf das du neugierig bist. ... Was kannst du erkennen? ... Jetzt lenke deine Aufmerksamkeit auf die verschiedenen Moleküle in der Luft. ... Du erkennst Kohlenstoffatome, ... sie sind mit zwei Sauerstoffatomen zu $CO_2$ verbunden. ... Sie sind schwerer als die übrige Luft, sinken wie Luftballons langsam nach unten ... oder werden durch plötzliche Windstöße herumgewirbelt. ... Zusammen mit anderen gelangt ein Molekül durch die Spaltöffnungen in das Blatt einer Kartoffelpflanze. ... Durch die Außenwand des Blattes scheint das helle Sonnenlicht ... und bestrahlt die rundlichen grünen Chlorophyllkörner. ... Du beobachtest, wie diese Körner die Energie des Sonnenlichts einfangen ... und mit seiner Hilfe das $CO_2$-Molekül mit Wasserstoffatomen und 5 weiteren Kohlenstoffatomen zu Traubenzucker verknüpfen. ... Das Zuckermolekül mit deinem C-Atom gelangt jetzt in eine Blattader ... und fließt mit dem Saftstrom aus dem Blatt hinaus durch den Stengel bis in die Wurzeln. ... Hier verknüpft es sich mit vielen anderen Zuckermolekülen zu einem großen Stärkemolekül. ... Stell dir weiter vor, wie diese Kartoffel aus dem Boden gepflügt, ... geerntet ... und schließlich im Geschäft verkauft wird. ... Du erkennst immer noch dein C-Atom darin. ... Die Kartoffel wird zu einer leckeren Speise verarbeitet ... und von einem Menschen genüßlich verspeist. ... So gelangt dein C-Atom in die Mundhöhle. ... Hier wird die Stärke wieder in Zucker gespalten ... Das Zuckermolekül gelangt über die lange Speiseröh-*

*re in den Magen, ... dessen Bewegungen durchmischen alles, ... und dein C-Atom erreicht im Zucker den Dünndarm, wo es durch die Darmwand hindurch ins Blut gelangt. ... Du erkennst, wie es durch feine Adern bis zu einem Muskel fließt. ...Dort schließlich wird das Zuckermolekül wieder zerlegt, ... und die darin enthaltene ehemalige Sonnenenergie bewegt den Muskel. ... Dein C-Atom hat sich dabei wieder mit zwei Sauerstoffatomen verbunden, ... gelangt wieder in den Blutstrom ... bis hin zu den Lungen. ... Hier gleitet das $CO_2$-Molekül aus der Blutbahn in ein Lungenbläschen und wird mit dem nächsten Atenzug nach außen abgegeben. ... Wenn du magst, atme selbst einmal tief ein und aus und spüre deine eigenen Atemstrom. ... Du verabschiedest dich von deinem C-Atom, das langsam neuen Abenteuern entgegenschwebt ... oder auch nur ins Selterwasser gesperrt wird.*

**Variante 1**
Falls es die Gruppensituation zuläßt, könnte jeder Schüler eine Geschichte von einem der eigenen C-Atome in seinem Körper erzählen.

**Variante 2**
Lassen Sie Geschichten aus der Urzeit erzählen.

## INHALT

Die genotypischen und phänotypischen Aufspaltungen beim dominant-rezessiven und intermediären Erbgang werden spielerisch erarbeitet.

**Alter:** ab Klasse 9

**Zeit:** 1 Stunde

**Übungstyp:** Spielaktion

**Schwierigkeitsgrad:** * *

**Material:** rotes, weißes und rosafarbenes Band

## VORBEMERKUNG

Voraussetzung ist die Kenntnis der Meiose sowie die Information über das Vorhandensein von Merkmalspaaren auf den homologen Chromosomen.

## ANLEITUNG

**Homozygot-intermediärer Erbgang:** Es spielen immer je 4 SchülerInnen zusammen. Je zwei spielen in der Elterngeneration ein Anlagenpaar (Allel). Sie fassen sich an den Händen und werden z. B. mit roten und weißen Armbändern für die Anlage der Blütenfarbe (Genotyp) gekennzeichnet. Gleichzeitig erhalten sie ein Stirnband gleicher Farbe für ihr Aussehen (Phänotyp).

Die weiteren Schritte werden durch ein Signal (Klatschen) angezeigt.
– Die Allele trennen sich und nehmen ihre Stirnbänder ab. Sie sind jetzt einzelne Gameten.
– Jeder Gamet sucht sich einen Partner der andersfarbigen Pflanze. Es sind neue Pflanzen (F1–Generation) entstanden.
– Die neuen Pflanzen ordnen sich nach gleichem Erbgut.

Die Färbung der neuen Generation wird diskutiert. Anschließend werden rosafarbene Stirnbänder verteilt.
Die Hälfte der neuen Pflanzen spielt weibliche Pflanzen (Erkennungston „aaaa") , die andere Hälfte männliche (Erkennungston „oooo"). Die Schüle-

rInnen schließen die Augen.

– Die Allele trennen sich und nehmen ihre Stirnbänder ab. Sie sind jetzt einzelne Gameten.

– Jeder Gamet sucht sich einen Partner mit einem anderen Ton. Es sind neue Pflanzen (F2-Generation) entstanden.

– Sie öffnen die Augen und bestimmen ihre Farbe aufgrund ihrer Erbanlagen.

– Die neuen Pflanzen ordnen sich nach gleichem Erbgut. Auszählen (genotypische Aufspaltung).

– Die neuen Pflanzen ordnen sich nach gleichem Aussehen, Auszählen (phänotypische Aufspaltung).

Die Ergebnisse werden an der Tafel festgehalten. Der Vorgang wird drei- bis viermal wiederholt.

Durch Auszählen ergeben sich nun die statistischen Aufspaltungswahrscheinlichkeiten für F1 und F2 (Mendel-Gesetze 1 und 2).

Entsprechend läßt sich natürlich auch ein dominant-rezessiver Erbgang durchspielen, mit dem Hinweis, daß die dunklere Farbe dominiert.

## ERFAHRUNG

Oft erhält die Lust am Spiel eine solche Eigendynamik, daß der fachliche Inhalt eher in den Hintergrund tritt. Lassen Sie es ruhig zu. Bisweilen entwickeln Gruppen einen echten Ehrgeiz, noch schwierigere (dihybride) Erbgänge zu spielen, was aber an der Anzahl der zur Verfügung stehenden Gruppenmitglieder scheitern dürfte.

### Variante

Zur Ergänzung kann jeder Spielzug an der Tafel oder anhand einer Buchabbildung nachvollzogen werden.

## INHALT

Identifikation der SpielerInnen mit wesentlichen Bestandteilen des Blutes, die an der Blutgerinnung beteiligt sind, und Nachspielen dieser Reaktions-kette.
Dieser lebenswichtige Prozeß bleibt den SchülerInnen in symbolischer Dar-stellung oft zu abstrakt. Die für Enzyme häufig verwendeten geometrischen Figuren wollen sich so gar nicht einfügen in eine Vorstellung von diesen Vorgängen im eigenen Körper.

**Alter:** ab Klasse 9

**Zeit:** 1 Stunde

**Übungstyp:** Rollenspiel

**Schwierigkeitsgrad:** * *

**Material:**
– Klebeband oder Bindfaden
– 2 Stühle
– Kärtchen oder Zettel

Den Vorgang der Blutgerinnung kennen wir nicht nur bei offenen Wunden, wo er die Funktion des Wundverschlusses erfüllt, sondern auch in geschlos-senen Gefäßen, wo er durch Thrombusbildung lebensgefährlich werden kann (Lungenembolie, Herzinfarkt, Gehirnschlag). Die Gefäßinnenwände sind normalerweise lipophil, d.h. sie sind nicht benetzbar. Wundränder dagegen sind benetzbar, ebenso wie Gefäßwände, die durch Ablagerungen wie z.B. Cholesterin „rauh" geworden sind. Die Benetzbarkeit ist der eigent-liche Auslöser für die hier zu simulierende Kettenreaktion der Blutgerin-nung. Entgegen einer Alltagsvermutung spielt der Sauerstoff bei diesem Vor-gang keine auslösende Rolle.

Ist ein Gefäß verletzt, heften sich die Thrombozyten durch Adhäsion an die Wundlippen des Gefäßes. Dies führt zur Freisetzung einer Substanz (Throm-boplastin/Faktor III), die im weiteren Verlauf die Umwandlung von Pro-thrombin in Thrombin bewirkt. Dieses „verhakt" sich mit den Thrombozyten und löst die Umwandlung des vorbeiflutenden Fibrinogens in vernetztes Fibrin (Fibrinfilz) aus. Dies zieht sich im weiteren Verlauf der Reaktion weiter zusammen. So werden die Wundränder zusammengezogen und Blutserum wird ausgepreßt. (nach MÖRICKE u.a., 1991, S. 4.22 ff).

Grundschema der Blutgerinnung aus MÖRICKE u.a., S. 4.23:

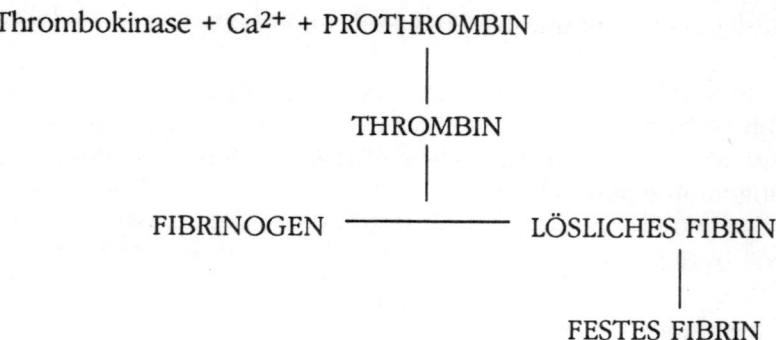

Thrombokinase + Ca$^{2+}$ + PROTHROMBIN

|

THROMBIN

|

FIBRINOGEN —————————— LÖSLICHES FIBRIN

|

FESTES FIBRIN

## VORBEREITUNG

- Kreisförmiges Spielfeld mit Klebeband oder Bindfaden kennzeichnen (siehe Skizze)
- Spielkarten mit Rollentexten vorbereiten für
  2 „Thrombozyten"
  3 „Prothrombinmoleküle"
  „Fibrinogenmoleküle" und „Blutkörperchen" im Verhältnis 2:1, bezogen auf die restlichen SchülerInnen
- Seilschlingen in 8-Form entsprechend der Anzahl an „Fibrinogenmolekülen"

### Rollentexte

Thrombozyt:
Du bist ein Blutplättchen (Thrombozyt). Blutplättchen schwimmen in der Blutflüssigkeit. Du kannst
- dich am Wundrand festhalten
- vorbeifließendes Prothrombin mit einem Arm einfangen, um ihm eine Halteschlinge zu übergeben.

Prothrombin:
Du bist ein Prothrombinmolekül. Du schwimmst in der Blutflüssigkeit. Du kannst
- dich an Blutplättchen festhaken, die an Wundrändern festsitzen
- dir eine Halteschlinge übergeben lassen
- mit deinen Armen Fibrinogen einfangen und zu Fibrin umwandeln, indem du ihm eine Halteschlinge gibst.

Fibrinogen:
Du bist ein Fibrinogenmolekül. Du schwimmst in der Blutflüssigkeit.
- Du kannst dich frei bewegen.
- Du kannst dich von Prothrombinmolekülen einfangen und Halteschlingen übergeben lassen. Dadurch wirst du zu Fibrin.
- Mit der Halteschlinge kannst du dich mit anderen Fibrinmolekülen zu einer Kette verbinden.

Blutkörperchen:
Du bist ganz nach Wunsch ein rotes oder weißes Blutkörperchen. Du schwimmst in der Blutflüssigkeit. Du kannst dich frei bewegen. Wenn das Blutgefäß verletzt wird, gehst du durch die Wunde nach draußen. (Damit das Gefäß nicht leerblutet, gehe bitte hintenherum wieder zurück in die Blutbahn!)

**Pathologie:**
Störungen in der Blutgerinnung haben in der Regel genetische Ursachen und sind z.B.:
**Hämophilie A:** Störung der Bereitstellung von Prothrombin durch Blockade des Prothrombin-Aktivators. (Ihm sind die Hände gebunden.)
**Hämophilie B:** Störung der Bereitstellung von Prothrombin durch Blockade einer Vorstufe des Aktivators. (Er bekommt erst gar keine Hände.)
Weitere Gerinnungsstörungen:
- Mangel an Fibrinogen
- abnormer Bau des Fibrinogens
- Mangel an Thrombozyten

## ANLEITUNG

Einführende Geschichte, bei der jemand eine blutende Verletzung erleidet. Wir wollen uns klarmachen, warum er daran nicht verblutet.
Die SchülerInnen ziehen jetzt je eine Rollenkarte, die ihnen ihre Funktion zuweist. Dann beginnen sie sich im Spielkreis wie in einem Blutgefäß zu bewegen. Im unverletzten Gefäß (Spielfeld) tummeln sich Blutplättchen (Thrombozyten), Fibrinogen, rote und weiße Blutkörperchen und Prothrombin. Jetzt werden die zwei Stühle auf die äußere Spielfeldlinie gestellt. Der Raum zwischen ihnen symbolisiert eine Wundöffnung, die Stühle selbst markieren den Wundrand. Sofort können alle Beteiligten an dieser Stelle aus dem Gefäß „herausfließen". (Sie ergänzen den Vorrat, indem sie hintenherum wieder in das Gefäß hineingehen.) Indem die SchülerInnen ihre Rollenanweisungen befolgen, schließt sich die Wunde.

Es empfiehlt sich, mehrere Spieldurchgänge mit wechselnden Rollen durchzuführen.

## AUSWERTUNG

– Erzähle den anderen, was dein Name und deine Aufgabe waren.
– Welche Bedeutung hat dieser Vorgang bei den Menschen?
– An welcher Stelle und welcher Art kann eine Störung sein?

(Nach einer Anregung von U. THIELE mit Materialien aus: AIDS, Klett, 1989)

## INHALT

Die zellulläre und humurale Krankheitsabwehr wird in didaktischer Reduktion im Rollenspiel an den Beispielen Grippe- und HIV-Infektion simuliert.

**Alter:** ab Klasse 9

**Zeit:** 1 Stunde

**Übungstyp:** Spielaktion

**Schwierigkeitsgrad:** * * *

**Material:**
– Spielkreis = „Blutgefäß" als Ort der Handlung
– Kennkarten für
   „Grippus" (Grippevirus),
   „HIV",
   „Melde-Freßzelle",
   „T-Helferzelle",
   „Wirtszelle",
   „Killerzelle"
   (alle übrigen SchülerInnen sind Reservespieler)
– Rollenkarten

**Rollenkarten:**
Grippus (Viren/Fremdkörper):
– Stecke dein Schild an.
– Gehe erst auf ein Zeichen des Spielleiters hin langsam in den Spielkreis (Blutgefäß).
– Suche eine „Wirtszelle".
– Hake dich bei ihr ein. (Du hast sie befallen.)
– Gehe mit ihr zum Spielfeldrand.
– Wartet, bis euch eine „Killerzelle" aus dem Spielkreis bringt. (Sie hat euch gefressen.)

HIV (Retrovirus):
– Stecke dein Schild an.
– Gehe erst auf ein Zeichen des Spielleiters hin langsam in den Spielkreis

- Suche eine „T-Helferzelle".
- Hake dich bei ihr ein. (Du hast sie befallen.)
- Gehe mit ihr aus dem Spielkreis. (Du hast sie vernichtet.)
- Ihr werdet zu Reservespielern.

Melde-Freßzellen (Makrophagen):
- Stecke dein Schild an.
- Gehe langsam in den Spielkreis (Blutgefäß).
- Wenn „Grippus" an dir vorbeigeht, schreibe „Grippus" auf eine Karte und gib (melde) sie einer „T-Helferzelle".
- Umarme „Grippus", bringe ihn an den Spielkreisrand, nimm ihm seine Karte ab und zerknülle sie. (Du hast „Grippus" gefressen.)
- Triffst du „HIV", schreibe „HIV" auf eine Karte und gib (melde) sie einer „T-Helferzelle".

T-Helferzelle:
- Stecke dein Schild an.
- Du bewegst dich im Spielkreis (Blutgefäß).
- Von der „Melde-Freßzelle" bekommst du als Information eine „Grippus"- oder „HIV"-Karte.
- Schreibe diese Information auf eine zweite Karte.
- Gib je eine der beiden Karten an eine „Killerzelle" und an eine „Plasma-zelle".
- Wenn du von einem „HIV" eingehakt (befallen) worden bist, geht zusammen an den Spielfeldrand.
- Schreibe „HIV" auf zwei weitere Karten und gib diese an zwei Reserve-spieler weiter.
- Danach nimm dein Schild ab und gehe aus dem Spielkreis. (Du bist vernichtet.)
- Du wirst zu einem Reservespieler.

Plasmazellen (aus B-Lymphozyt):
- Stecke dein Schild an.
- Gehe langsam in den Spielkreis.
- Du bekommst von der „T-Helferzelle" eine Karte mit der Information über einen eingedrungenen Erreger („Grippus" bzw. „HIV").
- Schreibe das Wort „Antikörper" dazu und gib die Karte an einen Reserve-spieler.
- Danach kehre wieder in den Spielkreis zurück.

Killerzelle:
- Stecke dein Schild an.
- Gehe langsam in den Spielkreis.
- „Grippus" hakt sich bei dir ein.
- Gehe mit ihm an den Kreisrand.
- Schreibe „Grippus" auf zwei neue Karten und gib diese an zwei Reservespieler weiter.
- Wartet, bis euch eine „Killerzelle" aus dem Spielkreis bringt. (Sie hat euch gefressen.)

Reservespieler:
- Du stehst außerhalb des Spielkreises und bekommst erst durch die anderen Spieler deine Aufgabe zugewiesen. Das kann sein:

A „Grippus" (Viren:
- Stecke dein Schild an.
- Gehe erst auf ein Zeichen des Spielleiters hin langsam in den Spielkreis (Blutgefäß).
- Suche eine „Wirtszelle".
- Hake dich bei ihr ein. (Du hast sie befallen.)
- Gehe mit ihr zum Spielfeldrand.
- Wartet, bis euch eine „Killerzelle" aus dem Spielkreis bringt. (Sie hat euch gefressen.)

B „HIV" (Retrovirus):
- Stecke dein Schild an.
- Gehe erst auf ein Zeichen des Spielleiters hin langsam in den Spielkreis (Blutgefäß).
- Suche eine T-Helferzelle.
- Hake dich bei ihr ein. (Du hast sie befallen.)
- Gehe mit ihr aus dem Spielkreis. (Du hast sie vernichtet.)
- Ihr werdet beide zu Reservespielern.

C „Grippus-Antikörper"
- Stecke dein Schild an.
- Gehe langsam in den Spielkreis.
- Suche „Grippus", hake dich bei ihm ein und führe ihn an den Spielfeldrand.
- Ihr nehmt beide euer Schild ab und werdet zu Reservespielern.

## VORBEMERKUNG

Das fein abgestimmte Zusammenspiel der verschiedenen Abwehrzellen bei der Immunabwehr des gesunden Körpers zu verstehen und beschreiben zu können, ist jedesmal eine Herausforderung an SchülerInnen und LehrerInnen. Die raffinierte Wirkungsweise des HIV-Virus macht die Beschäftigung mit diesem Thema dringend notwendig. Wir glauben, daß die vorgeschlagene Übung gut geeignet ist, diesen Mechanismus durch die Erfahrung im Spiel begreif- und kommunizierbar zu machen.

## VORBEREITUNG

– Spielfeld kennzeichnen
– Kennkarten und Rollenkarten vorbereiten
– Bei 15 Spielern:
   2 Grippus
   2 HIV
   1 Melde-Freßzelle
   2 T-Helferzellen
   1 Plasmazelle
   2 Wirtszellen
   1 Killerzelle
   4 Poolspieler

Im gesunden Körper werden eingedrungene Fremdkörper durch Melde-Freßzellen (Makrophagen) identifiziert. Die Information über deren Membranstruktur wird an die T-Helferzellen (T-Lymphozyten) weitergegeben. Zudem geben die Makrophagen bestimmte Stoffe (Gamma-Interferon und Interleucin) ab, die Unwohlsein und Fieber auslösen. Die T-Helferzellen informieren ihrerseits die B-Lymphozyten, die zu Antikörper bildenden Plasmazellen heranwachsen können. Ein Teil der B-Lymphozyten verbleibt nach überwundener Infektion mit der Virus-Information als Gedächtniszellen im Blutkreislauf. Sie treten erst bei einer erneuten Infektion in Aktion, indem sie frühzeitig Antikörper produzieren. Außerdem aktivieren die T-Helferzellen eine andere Sorte von T-Lymphozyten, die Killerzellen, die es vor allem auf von Viren befallene Körperzellen abgesehen haben. Ihr Eingreifen trägt wesentlich zum Abklingen der Krankheit bei.

Die verhängnisvolle Wirkung des HIV besteht u.a. darin, daß er sich die T-Helferzelle als Wirt wählt, um sich in ihr zu vermehren. Auf diese Weise funktioniert die Immunabwehr durch Verlust der T-Helferzellen zunehmend schwächer. Es treten in der Folge verschiedene Infektionskrankheiten auf. Zwar löst auch die HIV-Infektion eine Immunreaktion aus, doch wird diese durch die Abnahme der T-Helferzellen schwächer. Die Abwehrreaktion wird durch einen ständigen Wechsel der Virus-Oberflächenstruktur zusätzlich erschwert. Dies führt auch zu einer erschwerten Erkennung befallener Zellen durch die Killerzellen.

## ANLEITUNG

Zunächst ziehen die SchülerInnen die Rollenkarten und machen sich mit den vorgegebenen Aufgaben vertraut. Dann heften sie sich die entsprechenden Kennkarten an.

Wir empfehlen, zunächst einen Durchgang mit einer Grippeinfektion zu spielen, um die normale Immunreaktion des menschlichen Körpers zu verstehen und mit den Rollen vertraut zu werden.

In einem zweiten Durchgang treten (zusätzlich) HIV-Spieler in Aktion. Sollten während des Spiels Wirtszellen ganz ausfallen, so können Sie Reservespielern diese Rolle übertragen.

In seltenen Fällen kann es auch passieren, daß HIV's durch Antikörper blockiert werden. Simulieren Sie als SpielleiterIn in diesem Fall eine erneute Infektion, indem Sie einen neuen HIV-Spieler ins Rennen schicken.

## ERFAHRUNG

Nach anfänglicher Scheu wird die Spielstruktur schnell klar, und das Spiel kommt in Fluß. Die Wirkungsweisen werden sicht- und erlebbar.

# KAPITEL 5: ÖKOLOGIE

Der Mensch ist ein Zoon logon echon ... zu dessen physischer Beschaffenheit – als Naturwesen – es gehört, daß es den Logos, das Denk- und Sprachvermögen hat. Das heißt naturgeschichtlich: Im Menschen kommt die Natur zur Sprache. ... Dazu, daß die Natur in uns zur Sprache kommt, gehört, daß auch Berge und Bäche, Tiere und Blumen, wenn nicht einander, so doch jedenfalls uns etwas zu sagen haben, das wir zum Ausdruck bringen können, wenn wir darauf hören. (Michael Meyer-Abich)

## INHALT

Im Rahmen einer Phantasiereise verfolgen die SchülerInnen einen Fluß von der Quelle bis zur Mündung ins Meer und erleben dabei unterschiedliche menschliche Eingriffe.

**Alter:** alle Altersstufen

**Zeit:** 45 Minuten

**Übungstyp:** Phantasieexperiment (und Gestaltung)

**Schwierigkeitsgrad:** * *

**Material:** (mit Gestaltungsteil) Papierbögen DIN A1, Wachsmalkreiden

## VORBEMERKUNG

Diese Übung ist sowohl als Einstieg als auch zur Festigung von Unterrichts-inhalten zum Thema „Lebensraum Fluß" geeignet. Die Übungsstruktur ermöglicht ein sowohl fach- als auch selbsterfahrungsbezogenes Vorgehen. Die SchülerInnen sollten möglichst Erfahrungen mit Entspannungs- und Imaginationsexperimenten haben. Dies ist jedoch nicht unbedingt erforder-lich, wenn ein akzeptierendes Gruppenklima herrscht.

## ANLEITUNG

**Körperentspannung:** *Stell dir vor, du befindest dich an der Quelle eines Baches ... und du hörst das Plätschern des Wassers. ... Wie sieht es in der Umgebung dieser Quelle aus? ... Folge nun in deiner Phantasie dem Bach-lauf und beobachte, wie er anfangs noch sehr schmal durch die Landschaft plätschert. ... Dann siehst du, wie der Bach durch kleine Zuflüsse langsam breiter und breiter wird, ... so breit, daß sogar kleine Fische in ihm leben kön-nen. ... Allmählich ist aus dem Bach ein Fluß geworden; ... er windet sich gemächlich durch Felder und feuchte Wiesen. ... An den Ufern ist er dicht bewachsen, ... und du riechst das frische Gras und das klare Wasser. ... Und du kannst unterschiedliche Tiere beobachten, denen der Fluß Lebensraum bietet, ... wie z. B. Frösche, Libellen und sogar Störche. ... An einer Stelle hörst du auch, wie Kinder im Wasser spielen. ... Und vielleicht gibt es für dich am*

*Fluß noch anderes zu beobachten. (30 Sek.) ... Das Wasser fließt wieder schneller ... und ergießt sich in einen weiten Stausee. ... Große Rohre am Grunde des Stausees zapfen Trinkwasser für eine Stadt ab, die du in der Ferne erkennen kannst. ... Du siehst und hörst, wie das Wasser die Staumauer hinunterfließt, ... in ein schmales, flaches Bett. ... Schließlich erreicht der Fluß die Stadt. ... Die Ufer hier sind betoniert und steil. ... Du nimmst einen unangenehm fauligen Geruch wahr; ... und du siehst auf der rechten Seite ein Rohr aus der Ufermauern ragen, aus dem trübes Abwasser fließt. ... Am Ende der Stadt hörst du Fabriklärm und erkennst hohe Schornsteine. ... Hier ergießen sich gelblich-grüne Flüssigkeiten in den Fluß, ... und bisweilen treiben sogar tote Fische vorbei. ... Inzwischen ist der Fluß so breit geworden, daß Schiffe darauf fahren können. ... Von einigen wird Müll ins Wasser gekippt. ... Immer neue Zuflüsse erreichen den Fluß. ... Manche davon sind klar und sauber, ... viele sehen ungesund aus und stinken. ... Der Fluß wird breiter und breiter, ... und in der Ferne erkennst du bereits die offene See. ... Schließlich vermischt sich das Flußwasser mit dem Meer.*

## AUSWERTUNG

Lassen Sie die SchülerInnen zunächst einfach nur von ihren inneren Erlebnissen und Gefühlen berichten. Danach können sich weitere Fragen anschließen, wie:

– An welcher Stelle der Phantasie/des Flusses fühlte ich mich besonders wohl bzw. unwohl?
– Welche Sinneseindrücke habe ich besonders stark empfunden?
– Mit welchem Teil des Flusses möchte ich mich genauer beschäftigen?

**Variante 1:** Den Fluß als Ganzes oder nur einzelne Stellen allein oder in Gruppen malen lassen.

**Variante 2:** Eine mehr selbsterfahrungsorientierte Übung stellt die Identifikation mit einem Fluß dar („Wenn ich ein Fluß wäre..."). Ein Ausschnitt aus diesem Fluß kann dann gemalt und in Kleingruppen besprochen werden.

**Variante 3:** Darüber hinaus gibt es eine noch stärker biographisch ausgerichtete Variante, die aber nur von geübten Gruppen und Leitern verwendet werden sollte. Hierbei umfaßt der Flußlauf von der Quelle bis zur Mündung das gesamte Leben; Zuflüsse, Uferbeschaffenheit, Staustufen und andere „Einflüsse" entsprechen dann den jeweiligen biographischen Erlebnissen. Für erfahrenere Gruppen und Leiter kann es in allen oben genannten Varianten sehr reizvoll sein, die weitere Entwicklung des Flusses quasi als Projektion in die Zukunft darzustellen.

## INHALT

Bei dieser Übung geht es darum, die Beziehung zwischen Mensch und Natur in einen größeren zeitlichen Rahmen zu stellen und als eine den Menschen gestellte Aufgabe zu begreifen.

**Alter:** ab Klasse 10

**Zeit:** 45 Minuten

**Übungstyp:** Gruppengespräch

**Schwierigkeitsgrad:** *

## VORBEMERKUNG

Die Übung eignet sich z. B. für die Anfangsphase des Biologieunterrichts in der gymnasialen Oberstufe oder im Wahlpflichtbereich. Sie ermöglicht einen Blick über den Horizont des Faches und der Schule hinaus und sprengt den manchmal engen Rahmen unserer persönlichen Sichtweisen.
Die Aufgabe stellt gewisse Anforderungen an die Abstraktionsfähigkeit der SchülerInnen. Lohnenswert ist in höheren Klassen auch ein Vergleich mit den tatsächlichen Lerninhalten aus den Lehrplänen. Er hilft, die Inhalte auf ihre Relevanz hin zu reflektieren und zwar auf der Basis einer vorher erörterten Alternative. Dies ist darüber hinaus eine gute Gelegenheit, die individuelle und kollektive Mitverantwortlichkeit am Unterrichtsgeschehen zu fördern. Die Übung läßt sich auch gut mit dem WELTBAU (Nr. 59) verbinden.

## ANLEITUNG

Im Verlauf ihrer Geschichte haben die Menschen ihr Wissen und ihre Fähigkeiten in der Auseinandersetzung mit der Natur ständig erweitert. Sie haben aus vielem Lehren gezogen und manches bis heute noch nicht gelernt, entweder, weil die Sache zu schwierig ist oder aus Bequemlichkeit.
*Stellt euch einmal vor, die ganze Welt wäre in diesem Sinne eine einzige große Schule, in der die Menschen etwas über sich selbst, das Leben und die Natur lernen sollen. Das Lernziel wäre dabei, mit sich, den anderen Menschen und der Natur in Einklang und Frieden leben zu können.*

*Stellt euch weiterhin vor, daß es, wie in einer Schule, bestimmte „Fächer"
und Lektionen gibt. Die Aufgabe der Menschen bestünde nicht nur darin,
Wissen zu speichern, sondern auch bestimmte Fähigkeiten zu erlernen. Zu
diesem Zweck werden den Menschen von der Welt immer wieder neue Aufgaben gestellt, die es zu lösen gilt, wenn sie ihr Lernziel erreichen wollen.
Manche dieser Aufgaben warten bereits seit vielen Jahrhunderten auf ihre
Lösung, sind inzwischen längst gelöst oder gerade erst neu entstanden. Von
einigen dieser Aufgaben wissen wir vielleicht noch nicht einmal, daß sie uns
bereits gestellt wurden; wir haben geschlafen, als uns die Aufgabe gestellt
wurde.*

*Setzt euch jetzt in Vierergruppen zusammen und sprecht über folgende Fra-
gen:*

1. Welches sind die Themen, die in unserer Zeit in der „Weltschule" gelernt
   werden sollen?
2. Welche Namen könnte man den Fächern geben?
3. Fallen euch Dinge ein, die die Menschen vergangener Zeiten lernen muß-
   ten?
4. Welche „Themen" sind bereits sehr alt und welche stehen erst seit kurzer Zeit auf dem „Weltlehrplan"?
5. Was, glaubt ihr, werden Themen und „Fächer" der Zukunft sein?

### ERFAHRUNG

Die Verfremdung ermöglicht meiner Erfahrung nach einen neuen und reiz-
vollen Zugang zu einem sehr facettenreichen Themenkomplex, der ganz
unterschiedlich ausgefüllt werden kann. Häufig entwickeln sich aus der
Gruppenarbeit heraus sehr interessante Gespräche.

## INHALT

Mit Hilfe von Sachinformationen über ausgewählte Tierarten versuchen die SchülerInnen Überlebens-Vor- oder Nachteile in einer sich verändernden Welt zu beurteilen.

**Alter:** ab Klasse 8

**Zeit:** 1 – 2 x 45 Minuten

**Übungstyp:** Gruppengespräche (und Pantomime)

**Schwierigkeitsgrad:** *

**Material:** Karten mit den Sachinformationen über die verschiedenen Tierarten

## VORBEMERKUNG

Die folgende Liste kann zum Ausgangspunkt verschiedenartiger Übungen gemacht werden.

**Tiere, die innerhalb der nächsten 50 Jahre aussterben werden:**
(Verschmutzung, Wilderei, Eingriffe des Menschen in die unberührte Wildnis und die damit verbundenen ökologischen Veränderungen werden die Lebensgrundlage der folgenden fünf Tiere zerstören, die in der Phantasiewelt der Menschen eine wichtige Rolle gespielt haben.)

**Grizzlybär:** Er wird größtenteils aussterben, wo Touristen die Wildnis durchkämmen. Seit den 70er Jahren kam es immer wieder zu „unprovozierten" Angriffen von Grizzlys gegenüber Campern in verschiedenen nordamerikanischen Nationalparks.

**Afrikanischer Elefant:** Außerhalb der Reservate wurden nahezu alle Elefanten von Elfenbeinjägern erlegt oder von Farmern erschossen, die um ihre Felder bangten. Innerhalb der Reservate sind Wildererbanden ein erhebliches Problem. Die geringe Größe der Reservate führt zu einer für den Bestand äußerst bedenklichen Überweidung.

**Pottwal:** In den 80er Jahren sank der Bestand an Walen jährlich um ca. 30000 Tiere, die Hälfte davon waren Pottwale. Sie dienen dem Gewinn industrieller Öle.

**Gorilla:** Mit der immer rascher fortschreitenden Zerstörung der tropischen Wälder Afrikas sinkt auch die Zahl der dort lebenden Gorillas rapide, da die Tiere unfähig sind, sich der zunehmenden Verstädterung anzupassen. Der letzte Gorilla wird voraussichtlich im 21. Jahrhundert in einem Zoo sterben.

**Storch:** Störche können nur in mehr oder weniger ausgedehnten Feuchtgebieten bzw. Marschen überleben. Die Trockenlegung dieser Gebiete und ihre meist landwirtschaftliche Erschließung führten zu einem kontinuierlich abnehmenden Bestand.

**Tiere, die die kommenden 50 Jahre gut überleben werden:**
(Während die oben genannten Tiere in der Wolke unserer Abgase verschwinden werden, werden andere weiterhin gedeihen können, sei es, weil sie von Abfällen leben oder das Glück haben, in Gebieten zu leben, die für die Menschen zu unwirtlich sind.)

**Koyote:** Der Koyote ist ein Beispiel für Anpassung: Anfangs nur im mittleren Westen der USA vorkommend, hat er sich inzwischen bis nach Alaska und Zentralamerika ausgebreitet. Seit den 80er Jahren wird er bisweilen sogar in den Vororten kalifornischer Städte gesichtet. Gelegentliche Vernichtungsaktionen können ihn in seinem Bestand nicht bedrohen.

**Pavian:** Der Pavian ist seit Jahrmillionen an ein Leben in Wäldern und Savannen gewöhnt, ganz wie seine menschlichen Verwandten. Im nächsten Jahrhundert wird er sich erneut anpassen, diesmal an die zunehmende Verstädterung. Er wird lernen, sich in besiedelten Gebieten Nahrung zu suchen, z.B. indem er Felder plündert.

**Pinguin:** Die Pinguine werden vom Verschwinden der Wale profitieren, die bisher Nahrungskonkurrenten waren. Darüber hinaus leben sie (noch) fernab der menschlichen Zivilisation. So werden sie die dominierenden Bewohner der antarktischen Zone werden.

**Möwe:** Wo es Abfälle gibt, gibt es Möwen. Je schmutziger und übervölkerter die Küsten, desto mehr Nahrung finden sie.

**Küchenschabe:** Sie ist geradezu ein Meister der Anpassung, lebt sie doch unmittelbar im Lebensbereich der Menschen. Sie kann sich in flachen Ritzen verbergen und von organischen Abfällen jeglicher Art leben. Ihr wird sogar eine hohe Widerstandskraft gegenüber Radioaktivität nachgesagt. Welche Katastrophe auch immer hereinbrechen wird, der Schabe kann es nur recht sein. Schon jetzt kommen auf jeden Menschen schätzungsweise 100 Schaben, und es können nur noch mehr werden.

## Übung 1

Versucht herauszufinden, welche Tierarten in den letzten einhundert Jahren ausgestorben sind. Anschließend stellt eine Liste mit bedrohten Tieren zusammen. Unterhaltet euch darüber, worin eurer Meinung nach diese Bedrohung besteht.

## Übung 2

Nennen Sie einzelnen oder Gruppen die oben erwähnten oder von Ihnen ausgewählte Tierarten. Schreiben Sie die Tiernamen auf so viele Zettel, wie Kinder in der Klasse vorhanden sind, und lassen sie ziehen. Die Kinder mit identischen Kärtchen sollen nun gemeinsam ihr Wissen über das entsprechende Tier zusammentragen und selbst entscheiden, ob diese Tiere in der Zukunft zu den Gewinnern oder Verlierern im Tierreich gehören werden.

## Übung 3

Geben sie den Kindern die Karten zusammen mit den oben gegebenen Informationen. Die Aufgabe besteht nun darin, diese Informationen in einem pantomimischen Spiel darzustellen.

## INHALT

Aus der Phantasie heraus werden Tiere entworfen, die über Verhaltensweisen und Körpermerkmale verfügen, die an angenommene Lebensbedingungen in der Zukunft optimal angepaßt sind.

**Alter:** alle Altersstufen

**Zeit:** 45 Minuten

**Übungstyp:** (Phantasieübung) Gestaltung in Kleingruppen

**Schwierigkeitsgrad:** *

**Material:** Zeichenkarton, Wachsmalkreiden

## VORBEMERKUNG

Die Übung ist sowohl als Einstieg als auch zur Vertiefung des Themas „Anpassung von Tier und Pflanze" geeignet. Die folgende Einführung läßt sich auch gut in eine kurze gelenkte Phantasie kleiden. In dieser Übung ist viel Raum für Phantasie, Kreativität und Spaß. Achten Sie deshalb auch darauf, daß die Merkmale der Tiere und Pflanzen mit den vermuteten Umweltbedingungen in einen nachvollziehbaren Zusammenhang gebracht werden.

## ANLEITUNG

*Wie ihr wißt, können alle Lebewesen nur dann überleben und sich vermehren, wenn sie in der Lage sind, sich den herrschenden Umweltbedingungen anzupassen. Alle Veränderungen in der Umwelt verschlechtern oder verbessern die Lebensbedingungen einzelner Tiere und Pflanzen.*
*Bildet jetzt Dreiergruppen und entwerft irgendein Lebewesen (Tier oder Pflanze), von dem ihr glaubt, daß es in einer künftigen Welt mit den dann herrschenden Umweltbedingungen besonders gut überleben kann. Dazu müßt ihr euch natürlich zunächst einmal überlegen, wie es eurer Ansicht nach in einer fernen oder weniger fernen Zukunft auf der Erde aussieht. Gebt an, in welcher künftigen Zeit euer Phantasietier/eure Phantasiepflanze existiert, und macht deutlich, aus welchen heute lebenden Tieren oder Pflanzen sie sich entwickelt haben.*

(Vgl. hierzu auch Nr. 48 GEWINNER UND VERLIERER UNTER DEN TIE-REN.)

**Variante**
Die Übung kann auch im Anschluß an eine kurze Körperentspannung ein-geführt werden.

## ERFAHRUNG

Häufig schlägt die Phantasie Purzelbäume, und es ist dann notwendig, den Entwicklungszusammenhang mit der Gegenwart herzustellen.

## INHALT

Die Beziehungen zwischen den biotischen und abiotischen Faktoren eines Ökosystems werden durch das Spannen von Fäden sichtbar. Zugleich wird die Wirkung von Ausfällen erfahrbar.

**Alter:** ab Klasse 5

**Zeit:** 45 Minuten

**Übungstyp:** Spiel und Gespräch im Plenum

**Schwierigkeitsgrad:** *

**Material:** Großes Wollknäuel, Karten, Wäscheklammern zum Anheften

## VORBEMERKUNG

Diese Übungsstruktur ist auf ganz unterschiedlichem Differenzierungsniveau durchführbar. Sie kann dabei sowohl zur Vertiefung als auch zum Einstieg in das Thema oder zu dessen Präzisierung eingesetzt werden. Die folgenden Gesetzmäßigkeiten lassen sich demzufolge entweder aus dem Spiel ableiten oder aber im Spiel nachvollziehen.

**1.** Alle Lebensformen stehen direkt oder indirekt miteinander in Beziehung.
**2.** Die Stabilität eines Ökosystems ist abhängig von seiner Komplexität und Vielfalt. Ein System mit 100 Arten ist stabiler als eines mit 3 Arten.
**3.** Alle Ressourcen (Nahrung, Wasser, Luft, Mineralien, Energie) sind endlich und begrenzen das Wachstum aller lebenden Systeme.
(Nach Patrick MOORE, einem der Gründer von GREENPEACE)

Oder anders:
**1.** Alles ist mit allem verbunden.
**2.** Alles geht irgendwohin. (Es gibt keinen „Abfall".)
**3.** Die Natur weiß es am besten.
(aus *The closing circle* von Barry COMMONER)

## ANLEITUNG

Die Klasse sitzt im Stuhlkreis. Das Spiel beginnt, indem jemand (evtl. der Leiter) zu Beginn ein (heimisches) Tier oder eine Pflanze benennt und sich eine Karte mit dem entsprechenden Namen anheftet. Wem ein Organismus oder Umweltfaktor einfällt, der mit dem vorher genannten in irgendeiner Beziehung steht, nennt diesen und heftet sich eine entsprechende Karte an. Zwischen beiden Personen wird dann ein Wollfaden gespannt. Das nächste Gruppenmitglied stellt nun eine Beziehung zu einem der beiden vorhandenen Faktoren her und so fort. Auf diese Weise entsteht allmählich ein Beziehungsnetz (nach CORNELL, 1979), in welchem jedes Gruppenmitglied einen Bestandteil des Ökosystems darstellt und einen oder mehrere Wollfäden in der Hand hält. Sie können für verschiedenartige Beziehungen unterschiedlich gefärbte Fäden verwenden (z.B. für biotische und abiotische Faktoren).

Was passiert nun, wenn sich ein Umweltfaktor verändert oder sogar ganz ausfällt? (z.B. Nährstoffmangel oder -überschuß, Aussterben einer Art, Klimaschwankungen)

Die Aufgabe besteht nun darin, das Beziehungsgefüge (die losen Wollfäden) zu entfernen, so daß das System wieder stabil ist. So werden manche Organismen ihre Feinde verlieren oder aber ihre Nahrungsgrundlage, besonders wenn sie spezialisiert (monophag) sind. Auf diese Weise kann man zeigen, daß komplexe artenreiche Ökosysteme stabiler sind als artenärmere.

### Variante 1

Sie teilen vorher Karten aus, die jeweils einen Faktor des Ökosystems bezeichnen, und lassen dann die Beziehungen herstellen. Auf diese Weise können Sie die Beziehungsvielfalt begrenzen und übersichtlicher gestalten.

### Variante 2

Zur Sicherung oder evtl. auch als Hausaufgabe können die einzelnen MitspielerInnen noch einmal ihre jeweilige Bedeutung zusammenfassen: Ich bin wichtig, weil... oder: Ich bin gefährdet durch...

## ERFAHRUNG

Häufig macht schon die Aktion als solche Spaß, und es entwickelt sich meist eine rege Diskussion über die Bedeutung der verschiedenen Faktoren für das ökologische Gefüge. Die Art der Darstellung fördert die Kreativität und damit auch das Verständnis, zumal die meisten Gruppenmitglieder bemüht sind, durch mehrmalige und unterschiedliche Nennung ihrer Bedeutung möglichst viele „Fäden in die Hand zu bekommen".

## INHALT

Reflexion des eigenen Umweltverhaltens anhand eines Fragebogens mit konkreten Beispielen aus dem Lebensbereich der SchülerInnen. Der Fragebogen kann auch zur Befragung innerhalb und außerhalb der Schule verwendet werden.

**Alter:** alle Altersstufen

**Zeit:** 2 – 3 x 45 Minuten

**Übungstyp:** Gespräch

**Schwierigkeitsgrad:** *

**Material:** Fragebogen

## VORBEMERKUNG

In der Umwelterziehung überwiegt leider immer noch die Darstellung globaler Umweltzerstörung. Dies erzeugt häufig eher Resignation oder Abwehr oder beschränkt die eigene Aktivität auf das Argument: „Erst müssen die da oben etwas ändern." Es ist daher wichtig und oft sinnvoller, sich das eigene Umweltverhalten sowie die Möglichkeit konkreter Veränderungen bewußt zu machen.

## ANLEITUNG

Unter den 5 Rubriken:
– Kein Problem, ich mache es.
– Ich mache es manchmal.
– Ich könnte es tun.
– Ich will nicht.
– Ich kann nicht.
sind verschiedene Aussagen von jedem einzelnen zu überprüfen und entsprechend anzukreuzen. (Siehe Fragebogen.)

**FRAGEBOGEN** ÖKOLOGISCH HANDELN

| | Kein Problem, ich mache es. | Ich mache es manchmal. | Ich könnte es tun. | Ich will nicht. | Ich kann nicht. |
|---|---|---|---|---|---|
| zu Fuß gehen | | | | | |
| Fahrrad fahren | | | | | |
| mit anderen mitfahren, statt im eigenen Auto zu fahren | | | | | |
| Fahrgemeinschaften bilden | | | | | |
| Porzellangeschirr statt Pappteller und Plastikbecher verwenden | | | | | |
| Altpapier, Altglas, Konservendosen etc. sammeln und in entspr. Container werfen | | | | | |
| Rückseiten von Schreibpapier verwenden | | | | | |
| Heftumschläge wiederverwenden | | | | | |
| Recyclingpapier verwenden | | | | | |
| Einkaufstasche zum Einkaufen mitnehmen | | | | | |
| Waren in Plastikverpackungen meiden | | | | | |
| Wasserhähne sofort nach Benutzung schließen | | | | | |
| beim Zähneputzen Wasser abstellen | | | | | |
| Waschmaschine nur voll beladen benutzen | | | | | |
| Essensreste auf den Kompost werfen | | | | | |
| alte Gegenstände reparieren | | | | | |
| Licht und elektrische Geräte sofort nach Gebrauch ausschalten | | | | | |

Weitere Möglichkeiten: Wassersparende Wasserkästen im WC verwenden; leere Batterien zum Sondermüll geben; alte Gegenstände auf Flohmärkten verkaufen oder verschenken, statt sie fortzuwerfen; auch gebrauchte Gegenstände kaufen oder sich schenken lassen; alte Fahrradteile als Ersatzteile aufbewahren; Kleidung, aus der du herausgewachsen bist, an Kleinere weitergeben oder bei Altkleidersammelstellen abgeben; Bücher, Spiele und Comics mit deinen Freunden teilen; Bäume pflanzen.

Fallen Euch noch andere Dinge ein, die in diese Liste hineingehören?

Diese Checkliste kannst du für dich, deine Familie und deine Freunde verwenden. Vergleiche deine Liste mit der von anderen. Wie weit bist du mit deinem Umweltbewußtsein? Führe diese Befragung nach einiger Zeit noch einmal durch. Ergebnis? Es ist auch möglich, eine größere Umfrage (z.B. bei allen Schülern deiner Schule) durchzuführen.

**ERFAHRUNG**

Im allgemeinen entspinnt sich bereits beim Durchgehen der Liste eine lebhafte Diskussion. Achten Sie vor allem auf die Spalte „Ich kann nicht". Dorthin wird vieles abgewälzt, wofür man nicht so gerne die Verantwortung übernehmen möchte. Meist steht dahinter „Ich will nicht!" Verbreitet ist auch das Mißverhältnis zwischen „Ich könnte" und „Ich mache es". An dieser Stelle stellt sich die Frage nach der persönlichen und kollektiven Passivität. Hieraus könnten ggf. Aktivitäten und Initiativen auch auf kommunaler Ebene erwachsen. Unterstützen Sie die Planung kleiner Veränderungsschritte, die in der eigenen Macht stehen, und achten Sie darauf, daß diese konkret und positiv formuliert werden.

## INHALT

Ironisch überzogene Umwertungen von Umweltnachrichten mit dem Ziel einer angst- und damit widerstandsfreieren Auseinandersetzung mit bedrohlichen Themen.

**Alter:** ab Klasse 5

**Zeit:** 90 Minuten

**Übungstyp:** Texte schreiben in Kleingruppen oder im Plenum, ggf. mit anschließendem Rollenspiel

**Schwierigkeitsgrad:** * * (*)

**Material:** Papierbögen (DIN A 2), dicke Schreibstifte

## VORBEMERKUNG

Kindern gelingt es häufig noch nicht, die Ironie Erwachsener zu decodieren, es sei denn, man erklärt ihnen im Einzelfall, was Ironie ist, nämlich Kommunikation auf zwei Ebenen. Ironie wird in zwischenmenschlichen Beziehungen zwar häufig als Mittel zur Verunsicherung eingesetzt, andererseits jedoch kann sie zu einer vergnüglichen, nicht moralisierenden Verdeutlichung von kritikwürdigen Verhältnissen dienen.

## ANLEITUNG

Die Gruppe soll anhand einer vorgegebenen oder selbstgewählten negativen Umweltnachricht in Kleingruppen (3–5) einen kleinen Text schreiben; auch als Schreibgespräch durchführbar.
Beispiele:
– Luftverschmutzung ist gut, z.B. weil man dann besser Versteck spielen kann.
– Atomunfälle sind nützlich für die Natur, z.B. weil dadurch viele neue Pflanzen und Tiere entstehen können oder Schädlinge bekämpft werden können.
– Entwurf eines Flugblattes für (!) das Waldsterben: Es entstehen z.B. viele neue Fußballplätze oder man hat mehr freie Sicht und weniger Schatten.

## ERFAHRUNG

Nach unseren Erfahrungen haben die meisten Kinder und Jugendlichen großen Spaß dabei, mit tabuisierten Themen paradox und spielerisch umzugehen.

### Variante

Die Texte können auch im Rollenspiel als Reden von Politikern oder Industriellen (Autofabrikant, Kernkraftwerksbetreiber, Chemieunternehmer) vorgetragen werden. Weiterhin könnten deren Hintergedanken „gedoppelt" werden. (Ein weiterer Spieler gibt wieder, was der Politiker/Industrielle wirklich denkt.) Auf diese Weise kann spielerisch die Doppelbödigkeit in der Kommunikation verdeutlicht werden.

## INHALT

Mit verschiedenen Materialien gestalten die SchülerInnen einzeln oder in Kleingruppen ihr „Bild von der Natur".

**Alter:** alle Altersstufen

**Zeit:** 1 Stunde (ohne Auswertung)

**Übungstyp:** Gestaltung

**Schwierigkeitsgrad:** *

**Material:** Große Papierbögen, Wachsmalkreiden, Fingerfarben, Tusche, Pappe, Schere, Kleber, Sand-Kleister-Mischung, Naturmaterialien etc.

## VORBEMERKUNG

Die SchülerInnen haben die Möglichkeit, ihre Einstellung zur Natur darzustellen und sich gegenseitig mitzuteilen, und machen dabei erste Erfahrungen mit ihrer Zusammenarbeit.
Benutzen Sie diese Übung in einer Anfangssituation, auch um die Einstellung Ihrer SchülerInnen zur Natur kennenzulernen! Es ist sinnvoll, wenn Sie sich an dieser Übung beteiligen.

## ANLEITUNG

Schüler aller Altersgruppen können in Kleingruppen Bilder zum Thema: „Was ist für mich/uns Natur" malen und gestalten. Als Material eignet sich, was eben zur Verfügung steht. Zu empfehlen sind auch Materialien, die eine dreidimensionale Darstellung ermöglichen, wie z.B. Ton und Pappe.

## ERFAHRUNG

In aller Regel kommen die verschiedenen Aspekte der Naturbetrachtung (Bedrohung, Zerstörung, Idylle) zum Vorschein und ermöglichen oft ein intensives Gespräch vor allem bei älteren Jahrgängen (ab Klasse 9). Jüngere Schüler agieren sich oft schon durch den Malvorgang selbst aus, so kann ein Auswertungsgespräch knapp ausfallen.

## AUSWERTUNG

- Besteht ein Zusammenhang zwischen dem dargestellten Naturraum und eurem Erfahrungsraum (Alltag, Urlaub)?
- Welche Inhalte werden dargestellt?
- Handelt es sich um Idyllen oder Horrorszenarien?
- Welche Unterschiede und Gemeinsamkeiten erkennt ihr in euren Darstellungen?
- Handelt es sich um Natur- oder Kulturräume?
- Welche Schlußfolgerungen können Sie daraus für schülerorientiertes Vorgehen in Ihrem Unterricht ziehen?

## INHALT

Durch das Heraussuchen nicht passender Gegenstände wird die Wahrnehmung für die Umwelt verbessert und spielerisch verarbeitet.

**Alter:** Klasse 5 bis 8

**Zeit:** 2 Stunden

**Übungstyp:** Gestaltung

**Schwierigkeitsgrad:** *

## ANLEITUNG

In einem Waldstück, auf einer Wiese, am Seeufer oder auch auf dem Schulgelände werden von den SchülerInnen alle Gegenstände gesammelt, die nicht dorthin gehören. Mit ihnen soll in Kleingruppen eine Plastik, eine Collage oder ein „Monster" hergestellt werden. Anschließend wird ein Name gegeben.

**Variante 1**
(Nach KUHN u.a.:) Gedacht als eine spielerische Variante der Pflanzenbestimmung. Auf einem vorgezeichneten Weg werden falsche Blüten, Blätter, Früchte oder andere Pflanzenteile angeheftet. Die SchülerInnen beobachten und notieren allein oder in Gruppen alles, was nicht hierhergehört.

**Variante 2**
Bei den gesammelten Gegenständen soll es sich um Indizien für ein Verbrechen handeln. Die Kinder versuchen mit Hilfe dieser „Indizien" die Geschichte des Verbrechens zu erzählen und vielleicht auch vorzuspielen.

## INHALT

Die Anreicherung von Giftstoffen in der Nahrungskette wird in einer Spielaktion nachvollzogen.

**Alter:** alle Altersstufen

**Zeit:** 20 Minuten

**Übungstyp:** Spielaktion

**Schwierigkeitsgrad:** *

**Material:**
– Rollenkarten, (Papier-)Kügelchen
– Großer Raum

## VORBEMERKUNG

Das Spiel eignet sich zum Einstieg in das Thema Akkumulation.

## ANLEITUNG

In diesem Spiel übernehmen Schüler die Rollen von Konsumenten 1., 2., und 3. Ordnung. (Bei großen Gruppen evtl. auch noch 4. Ordnung). Bei einem Kurs von z. B. 16 Teilnehmern im Verhältnis 10 : 4 : 2. Die Rollen müssen durch angeheftete Schilder kenntlich gemacht werden. Ferner benötigt man kleine (Papier-)Kugeln o. ä. zur Darstellung persistenter Umweltgifte (z. B. chlorierte Kohlenwasserstoffe, Schwermetalle oder langlebige Radioisotope). Für das Spiel selbst benötigt man einen großen Raum (Gymnastikraum, Turnhalle, Aula).

*Stellt euch vor, dieser Raum ist eine Feuchtwiese und die MitschülerInnen sind Tiere aus diesem Lebensraum, nämlich Frösche, Störche und verschiedene sich von Pflanzen ernährende Insekten. In diesem Biotop sind nach Ausbringen eines Pestizids die meisten Pflanzen mit Giftmolekülen (Kügelchen) belastet. Ich verteile jetzt die Kugeln im Raum. Sie sollen sich in oder an Pflanzen befinden, die von den Insekten besucht und/oder gefressen werden.*

*Wenn ich das Spiel gleich starte, werden alle ihre Nahrung suchen bzw. fangen. Insekten und Eidechsen gelten durch Anticken als gefressen. Sie übergeben ihre Kugeln an den Räuber, hocken sich hin, zählen bis 10 und spielen dann weiter. Bei mehr als 3 Kugeln in der Hand sterben die Insekten. Immer wenn ich in die Hände klatsche (1 x pro Minute), können alle Tiere eine Kugel wieder in den Raum „ausscheiden“.*

Stoppen Sie das Spiel nach 5 bis 10 Minuten bzw. wenn keine Kugeln mehr in dem Raum liegen oder die Energie in der Gruppe nachläßt. Lassen Sie die Kugeln auszählen, und die Anreicherung von Giftstoffen im Verlauf der Nahrungskette wird offensichtlich.

(Statt der genannten können auch alle anderen Nahrungsketten und -netze verwendet werden.)

## AUSWERTUNG

Die SchülerInnen sind anschließend in der Lage, den Vorgang der Akkumulation (Weitergabe und Anreicherung des Giftstoffes) selbst zu beschreiben, und können diskutieren, welche Bedingungen Stoffe erfüllen müssen (Unverdaubarkeit, geringe Ausscheidungsrate und Zersetzbarkeit), die sich auf diese Weise akkumulieren können.

### Variante

Sie können die Tiere auch an einer Überdosis Gift sterben lassen. Die Frösche sterben z.B. bei mehr als 10 Kügelchen, die Störche bei mehr als 20. Sie verschwinden dann aus dem Lebensraum.

## INHALT

Die SchülerInnen sollen sich über die Motive umweltschädigenden Verhaltens global und persönlich klarer werden und eigene Verhaltensweisen überdenken.

**Alter:**  Klasse 5 bis 8

**Zeit:**  1 Stunde

**Übungstyp:**  Schreibgespräch in Kleingruppen

**Schwierigkeitsgrad:**  *

## VORBEMERKUNG

Es handelt sich um eine Übungstruktur, die auf einfache Weise Betroffenheit bei den SchülerInnen erzeugen kann. Die Klasse sollte allerdings gewisse Grundkenntnisse über Hintergründe für Umweltzerstörung besitzen, wie z.B. über die Vernichtung der tropischen Regenwälder. Bisweilen kann sich im Verlauf der Übung ein regelrechter Dialog zwischen Mensch und Natur ergeben.

## ANLEITUNG

Bei vielen Indianerstämmen Nordamerikas, wie z.B. den Algonquin-Indianern Kanadas, war es üblich, sich vor dem Fällen eines Baumes bei „Bruder Baum" zu entschuldigen und ihm zu erklären, weshalb er gefällt werden mußte. Ähnliches galt für alle Eingriffe in die Natur. In der folgenden Übung wollen wir diese Tradition einmal fortsetzen.

– *Wofür müßten sich die Menschen eurer Meinung nach heutzutage bei der Natur entschuldigen?*
– *Wie würden sie ihr Verhalten begründen? (Lassen Sie einige Themen sammeln.)*
– *Findet euch zu dritt oder viert zusammen und überlegt euch, wofür man sich bei der Natur entschuldigen sollte und schreibt einen Entschuldigungsbrief (evtl. auch als Schreibgespräch).*

## AUSWERTUNG

– Sind die Begründungen überzeugend?
– Was könnte das Tier/die Pflanze antworten?
– Welche Kompromisse sind möglich?

### Variante
Gibt es etwas, wofür du dich selbst bei Pflanzen oder Tieren deiner Umgebung zu entschuldigen hättest? Schreibe eine kurze Entschuldigung!

## ERFAHRUNG

Häufig greifen die SchülerInnen aktuelle Berichte über gefährdete Pflanzen und Tiere auf, wie z.B. Seehunde, Störche, tropische Bäume etc. Wenn Sie Äußerungen hören, wie: „Da kann man ja eh nichts machen" bzw. „Die anderen sind schuld", so problematisieren Sie diese Äußerungen, indem Sie die Konsequenzen einer solchen Haltung aufzeigen. Suchen Sie ggf. gemeinsam nach kleinen realisierbaren Schritten.

## INHALT

Im Rahmen einer Großgruppenaktion stellen die SchülerInnen ihre unterschiedlichen ökonomischen und ökologischen Einstellungen dar und reflektieren sie.

**Alter:** alle Altersstufen

**Zeit:** 3 Stunden

**Übungstyp:** Gestaltungsübung in Großgruppen

**Schwierigkeitsgrad:** *

**Material:**
– großer Raum
– Papier, Pappe, Kartons
– Klebstoff- Fingerfarben, Wachsmalkreiden, dicke Filzstifte
– Ton, Knete und was Ihnen sonst noch einfällt

## VORBEMERKUNG

Die Übung zeigt die unterschiedlichen Sicht- und persönlichen Herangehensweisen der SchülerInnen im Hinblick auf politische, ökonomische und ökologische Zusammenhänge. In diesem Zusammenhang spielen gruppendynamische Aspekte eine wichtige Rolle, wie z.B. der Umgang mit Konflikten und die eigene Kooperationsfähigkeit. Der „Weltbau" eignet sich besonders gut für Projekttage. Es ist wichtig, daß Sie an dieser Übung nicht selbst teilnehmen, damit Sie den Prozeß im Auge behalten können.

Sorgen Sie für ausreichend Material. Bitten Sie auch die Klasse, geeignete Materialien mitzubringen, ohne jedoch das Thema zu verraten.

## ANLEITUNG

Für diese Aktion benötigen Sie den gesamten Klassenraum und mindestens drei Stunden Zeit. Bänke und Stühle sollten am besten entfernt oder an einer Seite zusammengeschoben werden. Der Boden wird mit großen (Pack-) Papierbögen abgedeckt (pro TeilnehmerIn ca. 1 qm). Zusätzlich zu den oben genannten Materialien sollten Gegenstände für eine dreidimensionale Gestaltung vorhanden sein, z.B. Pappkartons, aber auch Naturmaterialien wie Gras, Blätter, Zweige etc.

Das Thema ist absichtlich sehr offen und allgemein gehalten und lautet: „Wir bauen unsere Welt." Bei mehr als 20 Teilnehmern teilen Sie die Klasse (evtl. auch in eine Jungen- und eine Mädchengruppe).

Empfehlen Sie den Schülern, sich zunächst einmal jeder für sich Gedanken über ihre Vorstellungen und die Herangehensweise zu machen. Dann kann die Aktion starten.

Lassen Sie der Gruppe für ihren „Weltbau" mindestens 1 Stunde Zeit.

## AUSWERTUNG

Zunächst soll jede/r Gelegenheit bekommen, kurz von seinen Aktivitäten und Erlebnissen zu berichten. Hierbei haben sich folgende Auswertungs-impulse bewährt:

– Was habe ich selbst gestaltet?
– Woran habe ich mich beteiligt?
– Welches waren meine Motive und Überlegungen?
– Konnte ich meine Vorstellungen durchsetzen?
– Wem bin ich begegnet, und was habe ich dabei erlebt?
– Wie habe ich die anderen erlebt?
– Worüber habe ich mich gefreut bzw. geärgert?
– Wie haben wir miteinander kooperiert bzw. konkurriert?
– Ist die dargestellte Welt realistisch?
– Was fehlt in „unserer Welt"?

## ERFAHRUNG

Dieses Experiment birgt wegen seiner Vielschichtigkeit eine hohe Dynamik! Im allgemeinen fangen die Gruppenmitglieder damit an, ihre eigene kleine Welt zu bauen. Spätestens wenn sich die einzelnen „Welten" begegnen, kommt es zu ersten Auseinandersetzungen bzw. zur Zusammenarbeit. Während einige ihre kleine heile und idyllische Welt gestalten, stellen ande-re eher die Bedrohungen und Zerstörungen der Welt in den Vordergrund, was zu sich gegenseitig verstärkenden Polarisierungen führen kann.

### Variante

Für erfahrenere Gruppen läßt sich an diese Aktion sehr gut eine stärker gestaltpädagogisch orientierte, dafür aber recht anspruchsvolle Übung anschließen: Jede/r sucht sich einen Platz in der gemeinsam gestalteten „Welt" aus, der ihr/ihm im Augenblick am ehesten zusagt. Ist die „Welt" groß genug, sollte man sich als ganze Person dorthin stellen (bei Platzmangel kann man auch einen Gegenstand von sich an diesen Platz legen. Nun erläutert jede/r kurz seine Platzwahl und erhält zusätzlich die Möglichkeit, eine Sache in seiner Umgebung zu verändern.

Diese Variante besitzt eine große Dichte und verstärkt die Identifikation mit der gemeinsamen Welt; besonders wenn Sie als LeiterIn auf die Notwendigkeit (und Schwierigkeit) hinweisen, sich auch in der realen Welt einen Standort suchen zu müssen. Dabei besitzen wir – trotz aller Einschränkung – die Möglichkeit, unsere Umwelt zu verändern. Das bedeutet Chance und Verantwortung zugleich.

(nach einer Anregung von Marijke WILHELMUS, Findhorn)

## INHALT

Meditative Betrachtung von Naturobjekten und deren Beschreibung in der lyrischen Form des „Haiku".

**Alter:** Sekundarstufe II

**Zeit:** 1 Stunde

**Übungstyp:** Wahrnehmung

**Schwierigkeitsgrad:** * * *

**Material:** ggf. geeignete Gegenstände, wie Naturobjekte, Photos, Gemälde, eine brennende Kerze, Schmuck etc.

## VORBEMERKUNG

Das Haiku ist ein 17silbiges japanisches Kurzgedicht mit heiterer Pointe, ähnlich einem Limerick. Sein Versmaß lautet 5–7–5. Ein Haiku geht von Spielerischem aus und gelangt in der letzten Zeile zu metaphysischer Tiefe, die nur leicht angedeutet wird. Beim Haiku handelt es sich um die verbreitetste Form japanischer Dichtkunst, die aus einer verinnerlichten Naturlyrik entwickelt wurde (im Gedicht mußte die Jahreszeit zu erkennen sein) in Verbindung mit dem scherzhaften Kettengedicht (Haikai). Heute gibt es zahlreiche Schulrichtungen des Haiku mit eigenen Zeitschriften. Der bedeutendste zeitgenössische Haiku-Dichter ist Masaocka Schiki.

Oft gehen wir achtlos durch den Garten oder einen Park. Diese Übung gibt uns Gelegenheit, einen Pflanzenteil auszuwählen, durch intensive Betrachtung Kontakt zu ihm aufzubauen und unsere Wahrnehmung in der verdichteten Form des Haiku auszudrücken.

Suchen Sie ein geeignetes überschaubares Naturareal (evtl. Schulgarten) aus.

## ANLEITUNG

Gehen Sie dazu mit der Klasse nach draußen. Die Gruppe stellt sich an einem möglichst ruhigen Platz im Kreis auf. Anschließend an eine kurze Entspannung erklären Sie den SchülerInnen die Aufgabenstellung:

*Geht einzeln herum und sucht euch eine Pflanze oder den Teil einer Pflanze (Blatt, Blüte, Frucht etc.) aus. Betrachtet diesen Teil und nehmt wahr, wie er gestaltet ist. Macht euch bewußt, wie einzigartig dieser Teil ist und wie er sich entfaltet hat. Versucht nachzuspüren, wie er sich gerade so hat entwickeln können. Nehmt euch dazu 15 Minuten Zeit.*

## AUSWERTUNG

Die Gruppe versammelt sich draußen oder im Klassenraum, wo es möglich ist, zu schreiben. Die Aufgabe ist jetzt, einen „Haiku" zu schreiben, der das eben Betrachtete zum Gegenstand hat. Ein „Haiku" besteht aus drei Zeilen. Die erste und die dritte Zeile mit fünf, die mittlere mit sieben Silben. Beispielsweise:

Klebriges Etwas,
gedacht als Gemüsekost
enttäuscht die Zunge
(über Wurzelgemüse)

oder:

Pinsel statt Perle
öffnet die rote Auster
hilflos, zart umarmt
(über eine Begonienblüte)

Die „Haikus" werden der Reihe nach vorgelesen und können ggf. zur weiteren Inspiration im Klassenzimmer ausgehängt werden.

Ein weiterer, stärker selbsterfahrungsorientierter Auswertungsaspekt besteht darin, den „Haiku" auf die eigene Lebenssituation bzw. die momentane emotionale Verfassung zu beziehen.

### Variante 1
Sie können „Haikus" auch im Klassenraum anfertigen. Bringen Sie dazu eine Pflanze mit, die Sie in die Mitte eines Stuhlkreises stellen.

**Variante 2**

Generell können Sie „Haikus" zu allen Gegenständen anfertigen, die einen anziehen, abstoßen oder sonstwie beschäftigen.

Beispiel „Opal":

> Kaum auszuloten,
> glatte Oberfläche schützt,
> Licht enthüllt die Tiefe

**Variante 3**

Probieren Sie einmal „Haikus" im Fremdsprachenunterricht aus. Besonders gut eignet sich die englische Sprache, da sie viele Wörter mit ein oder zwei Silben besitzt.

# LITERATUR

Bundeszentrale für Gesundheitliche Aufklärung: Material zum Thema Aids für 9. und 10. Klassen. Klett, Stuttgart, 1987

COBURN-STAEGE, U.: Lernen durch Rollenspiel. Fischer-Taschenbuch, Frankfurt, 1977

CORNELL, J. B.: Mit Kindern die Natur erleben. Ahorn-Verlag, Prien, 1979

ERNST, B.: Abenteuer mit unmöglichen Figuren. TACO, Berlin, 1985

Erlebnis Wattenmeer; Bausteine für ganzheitliches Lernen zur Natur- und Umwelterziehung. Hrsg. vom Landesinstitut Schleswig-Holstein für Praxis und Theorie der Schule (IPTS) und dem Landesamt für den Nationalpark Schleswig-Holsteinisches Wattenmeer, Verlag Bogens & Co., Heide, 1993

FISCHER, S.: Blätter von Bäumen. Hugendubel, München

FREUDENREICH, D./SPERTH, F.: Stundenblätter, Rollenspiele im Literatur-unterricht, Klett

GUDJONS, H.: Spielbuch Interaktionserziehung. Klinkhardt, Bad Heil-brunn/OBB., 1990

KUHN, K., u. a.: Biologie im Freien. Metzler, Stuttgart, 1986

MENZER, G.: Der Märchenbaum. Herder, Freiburg, 1987

MAY, G. G.: Der sanfte Weg. Ein Meditationshandbuch. iskopress, Hamburg, 1980

MÖRIKE, BETZ, MERGENTHALER: Biologie des Menschen. Quelle & Meyer, Heidelberg, 1991

SCHWEIGGERT, A.: Das endgültige Wolpertinger Handbuch. Goldmann-Taschenbuch 8997, München, 1988

STEVENS, J. O.: Die Kunst der Wahrnehmung. Kaiser, München 1980

VOPEL, K. W.: Handbuch für Gruppenleiter. iskopress, Hamburg, 6. Aufl. 1992

VOPEL, K. W.: Anwärmspiele. iskopress, Salzhausen, 4. Aufl. 1992

VOPEL, K. W.: Störungen, Blockaden, Krisen. Experimente für Lern- und Arbeitsgruppen. iskopress, Hamburg, 1984

# Bücher bei **iskopress**

KINDER UND JUGENDLICHE

Vopel: *Denken wie ein Berg, fühlen wie ein Fluß.*
   *Spiele und Experimente für eine respektvolle Einstellung zur Natur*
   *für 6- bis 12-jährige*

Brett: *Anna zähmt die Monster. Therapeutische Geschichten für Kinder*

Vopel: *Kinder ohne Stress. Imaginative Spiele für Kinder zwischen 3 und 12,*
   Teil 1 bis 5 (1) *Bewegung im Schneckentempo* (2) *Im Wunderland der*
   *Phantasie* (3) *Reise mit dem Atem* (4) *Zauberhände*
   (5) *Ausflüge im Lotussitz*

Rabe: *Karawane meiner Träume. Schreibexperimente für Kinder*

Wal: *Eine Kiste voller Bilder. Malexperimente für Kinder*

Liedhegener: *Robi und Christine.*
   *Phantasiegeschichten für Kinder und ihre Eltern*

Vopel: *Interaktionsspiele für Kinder*, Teil 1 – 4 (1) Kontakt, Wahrnehmung,
   Identität (2) Gefühle, Familie und Freunde (3) Kommunikation, Körper,
   Vertrauen (4) Schule, Feedback, Einfluß, Kooperation

Böschemeyer/Vopel: *Kommunikation im 1. Schuljahr.*
   *Affektives Lernen für 5 bis 7-jährige*

Wilhelm: *Sanfte Pädagogik. Heilsame Wege in Schule und Beratung*

Böschemeyer: *Kindergeburtstag. Spiele ohne Verlierer*

Ehrlich/Vopel: *Wege des Staunens. Übungen für die rechte Hemisphäre,*
   Teil 1 bis 4 (1) Kreatives Schreiben (2) Malen und Formen
   (3) Phantasiereisen (4) Probleme lösen

Vopel: *Schreibwerkstatt. Eine Anleitung zum kreativen Schreiben für Lehrer,*
   *Schüler und Autoren*, Teil 1 und 2

Alex/Vopel: *Lehre mich nicht, laß mich lernen.* Interaktionsspiele
   für Kinder und Jugendliche Teil 1 – 4
   (1) Älter werden, Ängste und Befürchtungen, Anerkennung und Nähe,
   Autoritäten und Vorschriften, Fehler und Erfolge, Freude und Trauer,
   Freunde gewinnen (2) Gefühle, Geld, Gesundheit und Drogen, irrationale
   Annahmen, Jungen und Mädchen, Krisen, Lernen (3) Liebe und
   Sinnlichkeit, Mut, Natur, Selbstkonzept, Streß, Träume (4) Umwelt,
   Verhaltensprobleme, Wünsche und Werte, Wut und Ärger, Zeiteinteilung

Vopel: *Dialog mit der Zukunft. Imaginative Experimente für Jugendliche*

Klippstein (Hg): *Zwischenspiele. Metaphorische Geschichten für Kinder und Erwachsene*

Vopel: *Interaktionsspiele für Jugendliche,* Teil 1 – 4
(1) Werte / Ziele und Interessen / Schule und Lernen / Arbeit und Freizeit
(2) Körper / Identität / Fähigkeiten und Stärken (3) Ablösung
aus der Kindheitsfamilie / Liebe und Freundschaft / Sexualität
(4) Lebensplanung / Probleme lösen / Kooperation

Vopel/Wilde: *Glaube und Selbsterfahrung im Vaterunser.*
*Ein Kurs für lebendiges Lernen im kirchlichen Unterricht*

Vopel: *Nicht vom Brot allein.*
*Affektive Strategien zur Werteklärung für Kinder und Jugendliche*

## GRUPPENLEITER

Vopel: *Die 10-Minuten-Pause. Mini-Trancen gegen Streß*

Vopel: *Höher als die Berge, tiefer als das Meer.*
*Phantasiereisen für Neugierige*

Vopel: *Interaktionsspiele,* Teil 1 – 6
Akzeptierung und Angstabbau in der Anfangsphase / Wahrnehmen und
Kommunizieren / Aktivierung bei Müdigkeit und Unlust / Entwicklung
von Vertrauen und Offenheit / Beziehungsklärung und Feedback /
Umgang mit Einfluß, Macht und Konkurrenz / Konsensus und Kooperation

Vopel: *Handbuch für Gruppenleiter.*
*Zur Theorie und Praxis der Interaktionsspiele*

Klippstein: *Die goldene Pause. Streßprävention für Lehrende*
(Audiokassette)

Vopel: *Metaphorische Aktionen. Ungewöhnliche Wege zur Gruppenkohäsion*

Vopel: *Anfangsphase,* Teil 1 und 2
(1) Namen / Kontakte / Werte (2) Selbstbild / Biographisches / Ziele

Vopel: *Anwärmspiele. Experimente für Lern- und Arbeitsgruppen*

Vopel: *Störungen, Blockaden, Krisen.*
*Experimente für Lern- und Arbeitsgruppen*

Vopel: *Materialien für Gruppenleiter,* Teil 1 – 8
(1) *Diagnose der Gruppensituation* (2) *Gestaltung der Schlußphase*
(3) *Kommunikationsregeln in Gruppen*
(4) *Umgang mit Konflikten* (5) *Teamentwicklung*
(6) *Briefe als Lernstrategie* (7) *Ziele* (8) *Lernen*

*iskopress*, Postfach 1263, 2125 Salzhausen
Tel.: 04172 / 7653, Fax: 04172 / 6355